Hans Peter Althaus

# Kleines Wörterbuch der Weinsprache

Hans Peter Althaus

# Kleines Wörterbuch der Weinsprache

Verlag C. H. Beck

Satz: Fotosatz Reinhard Amann, Aichstetten
Druck und Bindung: Ebner & Spiegel, Ulm
Einbandentwurf: Konstanze Berner, München, unter Verwendung
einer Zeichnung von Hans Traxler
Gedruckt auf säurefreiem, alterungsbeständigem Papier
(hergestellt aus chlorfrei gebleichtem Zellstoff)
Printed in Germany
ISBN-10: 3 406 55017 7
ISBN-13: 978 3 406 55017 1

*www.beck.de*

# Inhalt



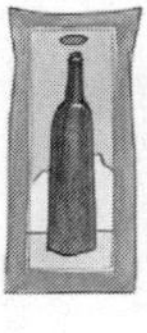

Karte mit Verstand gelesen,
ist so gut wie voll gewesen.

*Carl Zuckmayer*

# *Zu diesem Buch*

Was Carl Zuckmayer einst in einem Berliner Restaurant auf den Rand der Weinkarte schrieb, ehe ihm der Erfolg seines Lustspiels »Der fröhliche Weinberg« erlaubte, sich dem guten Tropfen nicht nur literarisch zu nähern, gilt seit jeher für die Begegnung mit dem Wein. Die Beschreibung seiner Eigenschaften gibt bereits eine Vorstellung von dem Genuß, der den Weinliebhaber erwartet.

Kein Wein ist dem anderen gleich. Von allen Nahrungs- und Genußmitteln ist er wohl das vielfältigste. Er unterscheidet sich nach Rebsorten und Lagen, Bodenbeschaffenheit und Jahrgängen, Lese im Weinberg und Ausbau im Keller, aber auch nach Lagerung und Alter, Trinktemperatur und Zusammenklang mit Speisen. Je nach Gelegenheit und Gesellschaft schmeckt ein jedes Gewächs anders. Bei der Fülle der Weine und ihrer Entwicklung im Faß und auf der Flasche können die Angaben auf dem Etikett nur ungefähre Hinweise auf Beschaffenheit und Verwendbarkeit geben. Erst durch die Bestimmung charakteristischer Eigenschaften und deren Beschreibung läßt sich eine Vorstellung von Farbe, Geruch und Geschmack vermitteln.

Mit dem Alltagswortschatz gerät man da allerdings schnell an seine Grenzen. Der Fachwortschatz ist für viele Weinliebhaber jedoch weithin ein Buch mit sieben Siegeln. Sogar Fachleute sind sich nicht immer einig, was unter einem Wort der Weinsprache genau zu verstehen ist. Sie hat sich im Gebrauch herausgebildet und verändert sich wie jede lebende Sprache. Deshalb geraten manche Weinwörter außer Gebrauch, andere kommen neu hinzu. Wurde ein Wein im 19. Jahrhundert *blau, charakterlos* oder *geistreich* genannt, wußten die Fachleute, was damit gemeint war. *Blau* hieß ›halbhell, schleierig‹, also nicht ganz klar, *charakterlos* bedeutete, daß der Wein aus gemischtem Rebsatz erzeugt worden war, ohne daß man die einzelnen Sorten getrennt hätte, *geistreich* wurde als Hinweis auf hohen Alkoholgehalt verstanden.

Dieser Sprachgebrauch hat sich im Munde der Weinfachleute und Genießer über Jahrhunderte entwickelt und verändert sich auch in der Gegenwart weiter. Manche Ausdrücke wie *Phlegma* für Extraktstoff geraten außer Gebrauch, andere wie *feingezwirnt* werden versuchsweise benutzt, weitergetragen oder fallengelassen. *Trocken* bedeutete anfangs ›süß‹, heute steht es meist für ›durchgegoren‹. *Herb* war ursprünglich ein Wort zur Bezeichnung des Gerbstoffgehalts von Rotweinen. Heute wird es häufig benutzt, um Weißweine ohne Restsüße zu charakterisieren. Als *feinherb* werden neuerdings Weine bezeichnet, die einen merklichen Säuregehalt mit mehr Restsüße als halbtrockene Weine verbinden. Wörter wie *firn, kahnig* oder *rahn* waren früher allgemein bekannt. Durch Sprach- und Kulturwandel sind sie weitgehend außer Gebrauch geraten und fast nur noch in der Weinsprache bewahrt. Dafür werden andere Wörter aus der Gemeinsprache immer wieder neu zur Bezeichnung der Weineigenschaften herangezogen. Dann ist auch ein Ausdruck wie *cremig*, der für einen Wein eigentlich ein vernichtendes Urteil darstellt, positiv gemeint.

Weinbeschreibungen gehören mittlerweile zum Alltag. Sie finden sich in Angebotslisten und auf Weinkarten, in gedruckten Ratgebern und in der Fachliteratur. Als Kommentare sind sie ein geselliger Teil von Weinproben. Sie dienen nur teilweise der Information, manche sind rein dekorativ. Das wird häufig nicht erkannt, wenn die Weinsprache nicht als Fachsprache benutzt wird, sondern auch als Teil der Alltagssprache wirkt. Daher wird sie in diesem Buch aus der Sicht der Weinliebhaber auf den Prüfstand gestellt. Die heutige Weinsprache ist in sich nicht einheitlich, sondern nach Verwendungbezirken und Traditionen verschieden. Ein Blick auf die Entwicklung macht die historische Dimension dieser Sondersprache sichtbar. Der heutige Weinwortschatz wird vor dem Hintergrund der sensorischen Weinbeurteilung erklärt, mit der sich die Inhaltsstoffe des Weins und ihr Zusammenspiel am besten erfassen lassen.

Für dieses Buch konnten die Ergebnisse eines Forschungsprojekts zur Terminologie der Weincharakterisierung beigezogen werden, das mit Unterstützung der Deutschen Forschungsgemeinschaft durchgeführt worden ist. Dabei wurden die weinsprachlichen Beschreibungen von knapp zehntausend Weinen untersucht, die auf Weinpreislisten deutscher Weingüter und Kellereien sowie auf Weinkarten der Gastronomie geführt worden sind. Der aufgrund von mehr als fünfzigtausend Wortverwendungen festgestellte übliche Sprachgebrauch ist mit den Zusammenstellungen einer großen Zahl von Glossaren und Weinlexika abgeglichen worden, um so den Wortschatz der Weinfachleute von dem der Weinfreunde zu unterscheiden.

In das Wörterbuch, das den Hauptteil des Buches bildet, wurden danach mehr als tausend deutsche Weinwörter aufgenommen, darunter die wichtigsten und häufigsten, beispielhaft aber auch seltenere, typische Ausdrücke und solche, die nur regional oder in früheren Zeiten gebraucht worden sind. Diese kritische Sammlung und Erklärung der deutschen Weinsprache ist am Wortgebrauch kontrolliert, sprachwissenschaftlich überprüft und verständlich dargeboten. Auf Wörter mit ähnlicher Bedeutung und auf Mißverständnisse, die sich aus einem alltagssprachlichen Verstehen ergeben können, wird besonders hingewiesen. Dadurch sollen die Unterschiede zwischen blumigen Umschreibungen und präzisen Charakterisierungen besser sichtbar werden.

Neben dem alphabetischen Wörterverzeichnis von A bis Z bietet eine Zusammenstellung des Weinwortschatzes nach Sachgruppen einen Eindruck von der Breite und Vielfalt der Weinsprache. Wenn das Buch auch in erster Linie dem Verstehen der sprachlichen Weincharakterisierung dienen soll, so bietet die Anordnung nach Sachgruppen doch auch eine Orientierung bei dem Bestreben, zum Ausdruck einer Geschmacksempfindung den passenden weinsprachlichen Ausdruck zu finden. Sollte sich danach der Eindruck verstärken, daß nicht nur das Lesen der Weinkarte, sondern auch die Benutzung eines kleinen Wörterbuchs der Weinsprache den Genuß steigern kann, wäre der Zweck dieses Buches erfüllt.

Bei seiner jahrzehntelangen Beschäftigung mit der Weinsprache hat der Verfasser von vielen Seiten Anregung und Hilfe erfahren. Von Winzern, Weingutsbesitzern, Sommeliers und Weinkommissionären hat er dabei ebenso gelernt wie von der Beobachtung der Weincharakterisierung auf Weinproben oder in der Literatur. Ulrich von Fumetti, ehemals Weingutsbesitzer im Ruwertal, verdankt er tiefreichende Einblicke in die Geheimnisse der Weinbereitung und der Weincharakterisierung. Bernward Keiper, jahrzehntelang Kellermeister eines großen Trierer Weinguts und bekannter Probenkommentator, hat das Manuskript vor der Drucklegung geprüft und wertvolle Hinweise aus der Praxis beigesteuert.

# Weinsprache früher und heute

## *Weingespräche*

»Geht der Wein ein, geht der Mund auf«, heißt es im Sprichwort. Mit anderen Worten lautet diese Erkenntnis: »Setzt sich der Wein hin, stehen die Wörter auf.«[1] Dabei entschwinden die Einzelheiten jedoch fast immer im Feuer des Weingesprächs. Während die Weinbeschreibung heute auf Weinproben gepflegt und die Weinkommentierung in Zeitschriften und Büchern bis zum Abdruck von Probenprotokollen kultiviert wird, wurden Weingespräche in der Vergangenheit nur selten festgehalten. Es ist daher ein Glück, daß sie von Schriftstellern und Dichtern in dokumentarischen oder erfundenen Beispielen überliefert worden sind.

Goethe beschreibt das Reden über den Wein in seiner autobiographischen Schilderung des Sankt Rochus-Festes zu Bingen.[2] Im August 1814 war er mit einer unübersehbaren Menge auf den Berg gezogen, um Zeuge einer seit dem 17. Jahrhundert begangenen Wallfahrt zu werden. Nach der Prozession stärkten sich die Pilger »mit fetter, dampfender Speise, nebst frischem, trefflichen Brot«, zu denen aus Tonkrügen Wein genossen wurde. Mit dem Blick des unbestechlichen Beobachters notierte Goethe: »Muntere Kinder tranken Wein wie die Alten.« Dabei bildete stets der Wein den Mittelpunkt des Gesprächs. Wurde über den »Vorzug der verschiedenen Gewächse« gestritten, mußten ihre Beschaffenheit gelobt oder getadelt und ihre Eigenschaften kritisiert oder gepriesen werden.

Wie dies im einzelnen geschah, deutet Goethe allenfalls an. Die großen Gewächse stehen außer Diskussion, nur die geringeren Lagen müssen sich im Streit behaupten. Ein Weinbergsbesitzer nennt seinen Rotwein des Jahres 1811 *köstlich*, bedauert aber, den Beweis nicht führen zu können, da der Rebensaft bereits ausgetrunken sei. Andere Weine werden als *leicht* und *angenehm* charakterisiert. Zugleich wird vermerkt, daß sie schnell zu Kopfe stiegen. Mehr teilt Goethe über die Weine eigentlich nicht mit, weder über diejenigen, die er selbst getrunken hat, noch über andere, die den Gegenstand des Gesprächs abgegeben haben.

Wir dürfen daher vermuten, daß die Weine weniger differenziert waren als heute.[3] Auch war das Interesse nicht so sehr auf geschmackliche Nuancen gerichtet und der Wortschatz zur Beschreibung ihrer Eigenschaften weniger entfaltet. Man unterschied *alten* von *neuem* Wein, schätzte *guten* und verachtete *sauren*.[4] Dennoch war man damals offenbar nicht so wählerisch wie später. Fast jeder Wein habe sein Gutes, fast alle verdienten Aufmerksamkeit, läßt Ludwig Tieck einen Lobpreis des Weines beginnen. Er findet sich im Zusammenhang eines ausführlichen Weingesprächs, das der Schriftsteller 1823 in seine Novelle »Die Gemälde« eingeschaltet hat.[5] Wahrnehmung und Benennung einzelner Weineigenschaften, die als schwierig angesehen werden und viel Erfahrung verlangen, stehen dabei im Mittelpunkt.

Der Wein bildet nur eines von mehreren Themen dieses Werkes, das in der Tradition der romantischen Kunstgespräche eine tiefgreifende Erörterung der Rolle der Kunst für das Leben, des Originals und der Fälschung, des Wirklichen und bloß Vorgestellten, aber auch der Erscheinung und der Deutung miteinander verknüpft. Daß das Echte im Verborgenen blühe und erst durch Verstehen ans Licht kommen könne, ist eine Lehre dieser Erzählung, die sich besonders aus dem Gespräch über Wein ziehen läßt. Es heißt, nichts werde so mißverstanden wie die einfache Handlung des Weintrinkens, nichts so wenig gewürdigt wie der Wein. Wie aber soll er getrunken werden? Beginnen müsse man wie in allen Künsten ganz einfach, indem man sich auf den Wein einlasse. Man dürfe ihn nicht vorwitzig kritisieren, sondern müsse ihn erst einmal wahrnehmen und erfassen. Gehe ein Anfänger auf diesem Weg weiter, könne er Unterschiede wahrnehmen und Vergleiche anstellen. Treffe der Wein auf einen lernbegierigen

Schüler, so lehre ihn der Geist des Weines »von innen heraus« und wecke »mit dem Enthusiasmus zugleich das Verständnis«.

Fraglich bleibt dabei, wie die Erfahrung zu benennen ist und das Verstandene weitergegeben werden kann. Einer der Gesprächspartner wünscht, es möge ein Lehrstuhl errichtet werden, von dem aus die »Menschheit über die trefflichen Eigenschaften des Weines« unterrichtet werde. Ein anderer durchleuchtet die Formulierungen, die dazu verwendet werden, und hält Vergleiche für Lüge, wie sie dem Satz *Der Wein glüht purpurn* eingeschrieben sind. Er möchte die Sprache säubern und ausfegen, um damit alle uneigentlichen Ausdrücke aus ihr zu entfernen. Daß man sich dann verstehen könne, wird jedoch bezweifelt. Der Wein könne nur wecken, was im Menschen schlummere. Für die »Unendlichkeit der Erkenntnis« müsse es viele und verschiedene Weine geben.

Die Frage nach ihrer Beschaffenheit wird zunächst versuchsweise durch Vergleiche gelöst. Auch beim Wein werden das »Klassische und Vollendete, das Moderne und Triviale, das Manierierte und Gesuchte, das Lieblich-Alte und das Fromm-Schlichte, das Gemütliche und leer Renommierende« unterschieden. Diese Einteilung aus dem Jahr 1823 könnte auch heute noch benutzt werden. Für alle Typen und Stilarten lassen sich Beispiele finden, für die klassischen und vollendeten Weine ebenso wie für solche im Modegeschmack oder für Weine, bei denen jahrhundertealte Regeln der Weinbereitung mißachtet worden sind. Dennoch wird der Versuch verworfen. Das Problem sei zu komplex, um es mit einfachen Antworten zu lösen. Es verlange beim Urteilenden »unendliche Erfahrung, historischen Überblick, abgelegtes Vorurteil und einen nach allen Richtungen ausgebildeten Geschmack«, der nur in vielen Jahren und mit großer Mühe gebildet werden könne. Darum müsse als Einstieg ein Überblick genügen.

Aus dem Gespräch heben wir einige Weinbeschreibungen hervor und achten dabei auf die Ausdrücke, mit denen sie vorgebracht werden. Von den am Rhein gewachsenen Weinen gilt 1823 der Laubenheimer aus dem heutigen Mainzer Stadtteil als *leicht*, der wenig südlich davon gewachsene Niersteiner dagegen als *stark*. Der Rüdesheimer aus dem westlichen Rheingau wird *gewaltig* genannt, und der schon damals geschätzte Wein aus Hochheim am Main, der in England als *Hock* zum Inbegriff des deutschen Weins geworden ist, wird sogar als *tiefsinnig* bezeichnet. Diese Weine, heißt es, würden sich beim Genuß als *rein* und *klar*, *kühlend* und zugleich *den Sinn erheiternd* darbieten. Insgesamt ließen sie sich mit der »ruhige(n) Gediegenheit trefflicher Schriftsteller« vergleichen, sie erschienen als »Gemüt und Fülle ohne Phantasterei und schwärmerische Allegorie«.

Manches an dieser Beschreibung läßt sich auch heute noch nachvollziehen. Daß der eine Wein *leicht*, der andere *stark*, der dritte *gewaltig* genannt wird, beleuchtet den Alkoholgehalt, die Fülle der geschmacklichen Inhaltsstoffe und den Extrakt. Auch daß die Weine als *rein*, also ohne störenden Nebengeschmack, und als *klar*, also ohne Trubstoffe, eingeschätzt werden, ist sofort verständlich. Was es aber bedeutet, wenn ein Wein als *tiefsinnig* charakterisiert wird, bleibt ebenso undeutlich wie die Vergleiche mit den hervorragendsten Autoren und ihrem Schaffen. Vielleicht ist *tiefsinnig* hier gleichbedeutend mit *geistreich* verwendet. Dann würde das Wort einen hohen Alkoholgehalt bezeichnen.

In gleicher Weise werden die Erzeugnisse der Bourgogne, des Bordelais, der Provence und des Languedoc charakterisiert. Der Burgunder gilt als *heiß*. Er falle *wie unmittelbare Begeisterung* in den Weintrinker hinein, sei *schwer* und *blutig* und wecke dadurch *heftig* die Lebensgeister. Im Gegensatz dazu sei der Wein von Bordeaux *heiter* und *geschwätzig*. Er *ermuntere*, *begeistere* aber *nicht*. Vergleichsweise *voller* und *wunderlicher* dichte die Provence und das *poetisch* genannte Languedoc. An diesen Weinbeschreibungen fällt die Verschiebung des Ausdrucks auf, das Uneigentliche und Übertragene, das sich schon bei den Beurteilungen der Rheinweine gezeigt hat. Die Ausdrücke *schwer* zur Bezeichnung des Alkoholgehalts und *blutig* als Farbbezeichnung sind wiederum sofort verständlich. Daß ein Wein *wie unmittelbare Begeisterung* sich in den Weinfreund ergieße, ist als poetisches Bild zu werten. Aber was heißt, daß der Wein *heiter*, ja daß er *geschwätzig* sei? Man kann es nur als Stilfigur verstehen, bei der die Ausdrücke so verschoben sind, daß nicht der Weintrinker, sondern der Wein in den Blick genommen wird. Das gilt auch für die Bewertungen der Weine aus der Provence und dem Languedoc, bei denen das Wissen um die Landschaft der Troubadoure dem Urteilenden die Wörter in den Mund gelegt hat.

Diese Sprachmittel werden auch benutzt, wenn in Weinen aus Jerez und Málaga das *heiße Spanien* wiedergefunden und der Wein von Valencia deswegen sogar als *glühend* gepriesen wird. Ganz poetisch ist das Bild, nach dem diese Weine wie auch der ungarische Tokajer am Gaumen *Kugelgestalt* annehmen. Mit der Metapher wird ausgedrückt, daß die Weine *vollmundig* wirken, also den ganzen Mund ausfüllen, oder, wie man es gelegentlich derb und zugleich plastisch beschrieben hat, ein *Maul voll Wein* ergeben.

Nimmt Tieck im Weingespräch den deutschen Wein in den Blick, ist ihm kein schmückendes Beiwort zu groß. Es ist davon die Rede, daß sich der Würzburger schon zum *Edeln* erhebe und die *hohen Sorten* des Rheinweins *trefflich* seien. Im Vergleich mit *edelstem* Kapwein jedoch gilt ihm der heimische Rheinwein nur als *brav*. Dieses Prädikat wäre heute nicht mehr positiv gemeint, sondern würde wie bei Kleidung eher etwas Negatives ausdrücken. Vor zweihundert Jahren bedeutete *brav* bei Sachen jedoch ›ordentlich‹ oder ›gut‹ in durchaus positivem Sinne. Es kommt also nicht nur auf die beschreibenden Wörter an, sondern auch auf ihre Bedeutungen in der jeweiligen Zeit und auf deren Untertöne.

Mit welchen Sprachmitteln beschreibt Tieck im frühen 19. Jahrhundert Spitzenweine? Als die *lieblichsten* bezeichnet er italienische Gewächse, vor allem aus der Toskana. Umbrischer Weißwein aus Montefiascone wird als der *geistreichste* gelobt, Likörwein aus Montepulciano als *wahrhaft rührend* gepriesen. Die Krone erkennt Tieck dem *rosenrötlichen* Aleatico aus Latium zu, dem »König aller Weine«, bei dem die Sprache an die Grenze der Ausdrucksfähigkeit gelangt und die Wörter sich im Kreise zu drehen scheinen. Er wird *Blume* und *Ausbund alles Weingeistes* genannt, *Milch* und *Wein*, *Blume* und *Süße*, *Feuer* und *Milde* zugleich. Daß dies mehr gestammelt als gesagt ist, wird dem vom Wein beseelten Redner selbst bewußt, wenn er den metaphorischen und symbolischen Sprachgebrauch erkennt und eingesteht, daß sich das Erlebnis »dem Unkundigen und Nüchternen« auf diese Weise nicht vermitteln läßt.

An solchen poetischen Versuchen, die Eigenschaften des Weins mit Vergleichen und uneigentlichen Ausdrücken zu beschreiben, ist abzulesen, daß den Weintrinkern ein allgemein bekannter Wortschatz damals noch nicht zur Verfügung stand. Zwar waren einzelne Ausdrücke wie *firn*, *kahmig* oder *rahn* bereits seit Jahrhunderten zur Bezeichnung von Weineigenschaften benutzt worden, doch war die Kenntnis einer speziellen Weinsprache noch kaum verbreitet. Sie mußte sich erst entwickeln und dann auch über den Kreis der Fachleute hinausdringen.

Ganz anders verläuft das Weingespräch, das Josef Winckler 1923, genau hundert Jahre nach Tieck, in seinem Schelmenroman »Der tolle Bomberg« nachgebildet hat.[6] Der Held, ein westfälischer Baron, der sein Geld nicht mehrt, sondern bis zum letzten Pfennig unter die Leute bringt, hat Stil und beherrscht die große Geste. Darum gehört der Wein, der von einem Weinreisenden empfohlen wird, fuderweise zum Leben dazu. Wie sehr der lebenslange Umgang mit dem edlen Tropfen und das ständige Gespräch mit Weinfachleuten dem Edelmann den Blick geschärft haben, zeigt sich kurz vor seinem Ende, als er die Weine seines Kellers noch einmal durchprobieren will und die Beurteilungen seinem

Diener zuruft. Der Autor läßt die Leser seines Romans an dieser legendären Weinprobe teilnehmen, indem er die Urteile des Barons kommentarlos wiedergibt. Da heißt es dann:

»Überalterter Rotwein« – »zu viel Gerbsäure« – »kranker Wein« – »geschwefelt« – »kaum flaschenreif« – »zu jung« – »frischer Sauser« – »himmlisches Bukett« – »alkoholarm« – »total verschnitten mit fuselfreiem Spiritus« – »zu gefeuert« – »zu glaziert« – »brr! Glyzerin« – »fünfundzwanzig Prozent Zucker« – »Invertzucker« – »Rohrzucker« – »Tannin« – »gefärbt mit Malven« – »schmeckt nach sizilianischem Gips« – »schleimig« – »ölig« – »fadig« – »Essig« – »zu alt und bitter, muß durch Leinwand gegossen werden« – »ätherschwefelsäurig« – »gemeiner Faßgeschmack durch anbrüchige Dauben« – »kann nicht die Gegend vertragen« – »herrlich firn« – »vollmündige Sorte« – »Spuren von Fett« – »Gummi, Pektin, Salz« – »simpler Bleichert« – »Teufel, liegt tote Ratte im Faß?« – »etwas trocken«[7]

An diesem Probenprotokoll fällt nicht nur auf, daß der Baron offenbar vor allem minderwertige oder fehlerhafte Weine im Keller hat, sondern auch, daß er sich durch seine Wortwahl den Anschein eines Kenners gibt. Dabei mischt er Ausdrücke der Alltagssprache mit Fachwörtern der Weinsprache. *Essig, Gummi* und *Rohrzucker* sind keine Weinwörter, doch wenn sie auf den Wein bezogen werden, bekommen sie eine spezielle Bedeutung. *Essig* ist dann ein vernichtendes Urteil, mit dem ein nahezu oder gänzlich umgeschlagener Wein belegt wird. *Rohrzucker* bedeutet dem Kenner, daß der Most verstärkt wurde, was bei Rotweinen häufig, bei Weißweinen nur bei geringeren Qualitäten der Fall ist. *Gummi* kann sagen, daß der Wein viele Extraktstoffe aufweist oder einen *Gummigeschmack* besitzt, der von unsauberer Kellertechnik oder auch von der Schönung mit Gummi arabicum herrührt. *Bleichert* wurde an der Ahr der *Weißherbst* genannt, *Sauser* ist ein *Federweißer*. Wenn der Baron einen Flaschenwein als *frischen Sauser* charakterisiert, will er einen Qualitätsmangel durch Übertreibung ausdrücken. Denn daß ein gärender Wein abgefüllt in seinem Keller lagert, ist unmöglich. Er hätte sogleich die Korken aus den Flaschen gejagt.

Echte Wörter der Weinsprache sind *bitter, firn, ölig, schleimig* oder *trocken.* Die *Firne* hat man früher als Altersgeschmack sehr geschätzt. Der *ölig* genannte dickflüssige schwere Wein gilt als hochwertig. Wenn ein Wein *bitter* schmeckt, wird dies meist als Qualitätsmangel empfunden, der auf klimatische Besonderheiten oder Fehler bei der Weinbereitung zurückzuführen ist. Ein *schleimiger* Zustand kann auf eine krankhafte Veränderung des Weins hindeuten und macht ihn ungenießbar. In bestimmten Fällen kann der Zustand durch kellertechnische Maßnahmen wie Schwefelung oder Klärung beseitigt werden. Das Prädikat *trocken* verwendet der Baron noch im alten Sinn für einen alkoholreichen Wein, der überlagert ist und deswegen *stumpf* oder *matt* erscheint.

Einige Bezeichnungen sind als Weinausdrücke verständlich, werden so aber kaum gebraucht. Wie der Baron sprechen bei fadenartigen Trübungen nur Fachleute von *fadig.* Die Weintrinker nennen einen nichtssagenden Wein *fad.* Das Prädikat *gefeuert* klingt an *feurig* an, einen Ausdruck, mit dem vor allem bei Rotweinen ein hoher Alkoholgehalt und eine leuchtende Farbe bezeichnet werden, und bedeutet doch etwas anderes. Denn früher wurde *gefeuerter Wein* durch Erwärmung künstlich gealtert und dadurch nach damaliger Ansicht verbessert.[8] Dagegen wurde ein Wein als *glaciert* bezeichnet, bei dem durch starke Abkühlung die Ausscheidung von Weinstein und anderen Stoffen herbeigeführt worden war. Dadurch wurde der Wein alkoholreicher und kräftiger, was ebenfalls als Verbesserung angesehen wurde.

Für den Charakter dieses Romanhelden ist der kraftmeiernde Ton bezeichnend. Die Ursache für *Faßgeschmack* erkennt er in *anbrüchigen Dauben,* zur Heilung eines *bitteren* Weins empfiehlt er Filtrieren durch Leinwand. Ganz bei sich ist der Schelm aber erst, wenn er widerlichen Weingeschmack durch eine derbe Frage zum Ausdruck bringt: *Teufel, liegt tote Ratte im Faß?* Drastische Attitüden wurden auch dem Verleger Ernst Rowohlt nachgesagt, dessen Vorliebe für Wein sich indes nicht in subtiler Weincharakterisierung äußerte, sondern in einem »wie zu einem gewaltigen Liede ansetzenden Gegröle von urhafter Melodie« entlud. Der Text war recht einfach und lautete: »Ich habe da ein Möselchen ... ein Möööööselchen ... !!«[9] Im Vergleich dazu verfügte der tolle Bomberg über ein reichhaltiges Repertoire von Bezeichnungen, mit denen er die verschiedenen Weineigenschaften prägnant benennen konnte. Die sehr lakonische Art, mit der die Urteile abgegeben werden, könnte man für eine Eigenart des Barons halten. Tatsächlich ist sie auf den nüchternen Stil zurückzuführen, mit dem Weinfachleute bis heute die Eigenschaften einzelner Weine mit sprachlichen Kürzeln benennen, die nur das Wesentliche aussprechen und den Rest dem Einverständnis der Kenner anheimstellen.

## *Zur Geschichte der deutschen Weinsprache*

Eigenschaften des Weins können nur benannt werden, wenn man sie erkennt. Daher ist der Wortschatz ein Abbild der Beschaffenheit des Weins. Die Römer beurteilten ihn nach *color* ›Farbe‹, *odor* ›Geruch‹ und *sapor* ›Geschmack‹. *cos* war die Abkürzung für dieses Schema, das auch in der frühen Neuzeit bekannt war.[10] Der weinkundige Schriftsteller Johann Fischart nutzte es am Ende des 16. Jahrhunderts in seiner »Geschichtklitterung« zu vielfältigen Assoziationen und Wortspielen.[11] Das lateinische Wort *cos* bedeutet ›Kiesel‹ und ›Wetzstein‹. Wenn Fischart ausruft »O du edeler Wetzstein Cos, du bist für all Edelgestein mein trost, du kleidest mich für hitz und frost, dich eß und kau ich för mein kost, du machest daß mir kein gelt verrost«,[12] dann ist nicht das Gerät zum Klingenschärfen, sondern *Vinum Cos* gemeint.[13]

Wie bei Fischart zu lesen ist, hatte das Beurteilungsschema *cos* für die praktische Weinbeschreibung im 16. Jahrhundert nur geringe Folgen. Unterschiedliche Weinsorten ergaben sich beim Stand des Weinbaus und der Kellertechnik damals vor allem durch Herkunft, Rebsorte, Boden und Alter. Entsprechend klein war die Anzahl der Wörter, mit denen ihre Eigenschaften bezeichnet wurden. Meist wurde der Wein in gemeinsprachlichen Wendungen beschrieben. Dann hieß es, er sei *gut* oder *schlimm*, *treflich gut* oder *nicht wohl gerahten*.[14] Ein besonders positives Urteil lautete *edel*, ein entsprechend negatives *ungeschlacht*.[15]

Mit *milt* bezeichnete Fischart vermutlich einen Wein, dessen Säure harmonisch eingebunden ist; das Gegenteil nannte er einen *sauren Trunck*.[16] Die Bezeichnung *mild* kennt die Weinsprache noch immer, während *sauer* als sehr negativ heute fast mit einem Tabu belegt ist. Das Prädikat *kül* verwies wie heute auf die Temperatur, während *frisch* früher etwas über das Alter des Weines sagte und heute vorwiegend den Kohlensäuregehalt meint.[17] Als *starck* galt ein alkoholreicher Wein. Fischart nennt Weine *starck von geschmack, die einen bald werffen auff den Sack*.[18] Zwei Bezeichnungen sind heute schwer zu verstehen. Unter *seygern brochen Wein* wurde ein Rebensaft verstanden, der umgeschlagen ist und sich nun zähflüssig darbietet; bei *taffete Wein* denkt man an einen Vergleich mit der Beschaffenheit von Taft.[19] Einen alten nannte Fischart einen *firnen* Wein.[20] Diese Ausdrücke zeigen, daß geschmackliche Eigenschaften damals nur in geringem Maße beobachtet wurden. Vergleichbares findet sich heute noch bei Obstweinen.

Differenziertere Kenntnis der Weinsprache erwarten wir im 17. Jahrhundert bei einem Schriftsteller, der auch als Gastwirt tätig war. In seinen Werken urteilt Hans Jacob von Grimmelshausen deshalb häufig aus der Sicht des Weinschenks. Er unterscheidet *neuen* und *alten* Wein und erkennt das Alter bereits mit dem Auge.[21] Der *milchfarbe neue Wein* steht als Federweißer für die

Jugendform am Ende der Gärung, *alter abgelegner Wein von Farb dem Gold gleich* bezeichnet das Endstadium eines auf der Flasche gereiften Weißweins.[22] Nach einer verdeckten Weinprobe wird ein Elsässer als *lieblich kräftig und gut* beurteilt.[23] Damit wird ihm hoher Alkoholgehalt und gute Qualität zuerkannt. Aus der Sicht des Weintrinkers ist der Vorzug des *delicaten* vor dem *sauren* Wein verständlich.[24] Der Gastwirt aber weiß, daß man Wein spritzen muß, weil er *nicht so hitzig / sondern viel gesünder* ist, wenn man ihn *wol gewässert* hat.[25] *Hitzig* bedeutet ›Hitze hervorrufend‹, also ›kreislaufanregend‹ oder ›schnell zu Kopf steigend‹, eine Eigenschaft, die allgemein wenig geschätzt ist.

Wie zu sehen, verfügt Grimmelshausen über detaillierte Kenntnisse der Weineigenschaften und den im Barockzeitalter dafür vorhandenen Wortschatz. Bis heute sind die von Grimmelshausen gebrauchten Ausdrücke *rahn* ›dünn‹, *waich* ›säurearm‹ als *weich* oder *zehe* ›dickflüssig‹ als *zäh* in der Weinsprache gebräuchlich.[26] Seinen Lesern vermittelt Grimmelshausen die Weineigenschaften gern mit Vergleichen wie *roth wie ein Fuchs.*[27] Einen Gastwirt, der mit seinem Wein Geld verdienen will, kümmern besonders dessen *Kranckheiten und Mängel.* Als Autor, der sein Publikum unterhalten möchte, benennt er sie auf drastische Weise. Es heißt dann, ein Wein sei *so trüb, daß er die Wurmlöcher stopffen*, ein anderer *so zehe, daß man ihn aufhasteln,* also wie einen Faden aufhaspeln könne, ein dritter *so saur als wann er in Bayrn oder in Hessen gewachsen wäre.*[28] Mit dem Urteil, ein Wein schmecke *nach einem schimlichten Faß,*[29] greift Grimmelshausen ein Problem auf, daß die Weintrinker beschäftigt hat, solange Wein in Fässern gelagert wurde. Die spätere Weinsprache enthält dafür Ausdrücke wie *schimmelig* und *Schimmelgeschmack.*

Als dritten Gewährsmann für die Weincharakterisierung früherer Zeiten rufen wir mit dem Dichter E.T.A. Hoffmann einen sprachmächtigen Weinliebhaber in den Zeugenstand. Obwohl Wein aus dem Leben des Autors, der feucht-fröhliche Abende liebte, nicht fortzudenken war und deshalb in seinem literarischen Werk eine große Rolle spielt, geben seine Weinbeschreibungen aus dem frühen 19. Jahrhundert eher die Sicht des Zechers als des Kenners wieder. Für die zusammenfassende Bewertung der Qualität steht dem Dichter eine große Palette verschiedener Ausdrücke zur Verfügung, doch wendet er sie bei minderer Qualität höchst selten an.

Auf der untersten Stufe steht *elender Wein*. Damit wird um 1800 eine miserable Qualität bezeichnet.[30] *Geringer Wein* gilt den zeitgenössischen Lexikographen als ›schlecht‹; Hoffmann zog *ein Glas geringen Weins* einem guten manchmal aber durchaus vor.[31] Das zeigt, daß *gering* bei Wein keineswegs immer ›schlecht‹ bedeuten mußte, sondern auch für ›einfach‹ oder ›klein‹ stehen konnte. Im Vergleich mit *gutem* mußte der *geringere* Wein aber schon bei der Hochzeit zu Kana zurückstehen.[32] Vom *guten, bessern, sehr guten* und *besten Wein* ist immer wieder die Rede, ohne daß damit über das Qualitätsurteil hinaus etwas über die Beschaffenheit gesagt wäre.[33] Weitere preisende Prädikate in Hoffmanns Wortschatz sind *auserlesen, edel, herrlich, köstlich, vortrefflich* und *wunderbar*.[34] In der heutigen Weinsprache wird *auserlesen* selten verwendet, *edel* jedoch so oft, daß es zu den häufigsten Weinwörtern überhaupt gehört. Zu Hoffmanns lobenden Prädikaten zählen auch jene, die sich auf die Verfügbarkeit einzelner Weine beziehen. Dann ist die Rede von *Raritäten*, die *selten, alt* oder *uralt* sind wie *hundertjähriger Rheinwein*.[35] Davon wird das Wort *Rarität* heute gelegentlich auf Preislisten und Weinkarten als wertende Bezeichnung benutzt.

Neben solchen Ausdrücken, die in Einzelfällen in die Weinsprache Eingang gefunden haben, hat Hoffmann auch einige wenige echte Weinwörter verwendet, wenn auch nicht immer richtig. In einer historischen Erzählung aus dem Jahr 1484 setzt er *Firnwein* mit einem *Würzwein* gleich, dem Kräuter zugesetzt sind. Dieser *Absud von höllischen Kräutern* hat jedoch nichts mit dem gemein, was die Weinsprache unter dem als *Firne* bezeichneten Alterston versteht.[36] In der deutschen Sprache bedeutet *Firnewein* um 1800 ausschließlich ›alter Wein‹.[37] Hoffmann erklärt die Gleichsetzung von *Würzwein* und *Firnewein* als Besonderheit des Fränkischen. Er mag als Bamberger Kapellmeister da einem Mißverständnis aufgesessen sein.

Während *dick* heute als zentrales Weinwort für körper- und extraktreiche Weine gilt, die säurearm und schwerflüssig sind, wird *dünn* für das Gegenteil nicht gern verwendet. Um 1800 war das anders, so daß Rheinweine als die besten deutschen Weine durchaus lobend als *dünn und leicht* charakterisiert werden konnten.[38] Daß das Prädikat *dünn* damals durchaus auch negativ verstanden wurde, zeigt Hoffmann durch ironischen Gebrauch. Eine seiner literarischen Figuren läßt er einen *dünnen weißen Wein* empfehlen, der *die gehörige Beimischung von Wasser* aufweise, und im Rahmen einer Diät sogar einen *wässrigten Wein.*[39] Wein sei *wässerig*, hieß es damals, »wenn er mehr Wasser als Geist« habe.[40] Als Fachwort der Weinsprache bedeutet *wässerig* heute, daß der Wein bei Regen gelesen worden ist oder ihm nach der Gärung Wasser zugesetzt wurde, was seine Qualität begreiflicherweise sehr herabsetzt.

Daß auch *echt* ein Wort der Weinsprache ist, mag auf den ersten Blick nicht erkennbar sein. Wenn man weiß, daß *echt* beim Wein verschiedene Eigenschaften wie ›einfach‹, ›typisch‹ und ›natürlich‹ bezeichnet, lesen sich Hoffmanns Formulierungen vom *echten Wein*, vom *echten Nierensteiner* oder *echten Bocksbeutel* gleich ganz anders.[41] Der Dichter benennt damit die Qualität eines Weines im allgemeinen wie den Charakter spezieller Kreszenzen. Zu Hoffmanns Zeit war *echter Wein* ›unverfälscht‹ und ›rein‹.[42] Das erklärt, warum *echt* bis zur Neuregelung des Weinrechts 1970 mit *naturrein* gleichgesetzt wurde. Wie *echt* gehört auch *feurig* zu den Weinwörtern in Hoffmanns Sprachschatz. In der Weinsprache heißt *feurig* in erster Linie ›alkoholreich‹ und wird vorwiegend für Rotweine verwendet. Hoffmann verleiht das Prädikat sowohl dem besten Frankenwein als auch einem ungarischen Wein.[43] Wiederum ironisch ist dagegen Hoffmanns folgende Bemerkung gemeint: »Dies brachte mich um den Genuß des feurigen Grünberger Eilfer, den ich sonst trinken müssen.«[44] Der schlesische Grünberger galt allgemein als so sauer, daß das Schlesische Wörterbuch die Bezeichnung *Grünberger* mit der Bedeutung ›saurer Wein‹ gebucht hat.[45] Ironie spricht aus der Verbindung von *feurig* und *Grünberger* wie aus der von *Genuß* und *trinken müssen*. Dies gilt sogar beim *Eilfer*, dem auch von Goethe hochgeschätzten Jahrhundertjahrgang 1811.

Die Entwicklung der Weinsprache hat sich über Jahrhunderte hingezogen. Daß es sich bei den Ausdrücken zur Bezeichnung der Eigenschaften des Weins um eine Fachsprache handelt, ist erst in der zweiten Hälfte des 19. Jahrhunderts durchgedrungen. Weinwörter wurden zwar schon seit langem verwendet, doch war der Sprachgemeinschaft ihr fachsprachlicher Charakter bis zu diesem Zeitpunkt durchweg nicht bewußt. Die Bedeutung einzelner Ausdrücke wurde darum meist aus der Gemeinsprache abgeleitet. Der fachsprachliche Gebrauch bildete sich zum größten Teil erst nach und nach heraus. Weinwörter werden manchmal erst dadurch sichtbar, daß sich die Gemeinsprache weiterentwickelt, während die Weinsprache die Ausdrücke festschreibt.

Dafür ist *firn* ein gutes Beispiel. Im Oberdeutschen bedeutet das Wort im 18. Jahrhundert noch durchgängig ›vorjährig‹. Im *firnen Jahre* heißt im ›Vorjahr‹, *firne Früchte* sind solche aus dem letzten Jahr. Im weiteren Sinne bedeutet *firn* dann ›alt‹. *Firner Wein* oder *Firnewein* ist ›alter Wein‹.[46] In der Weinsprache wird *Firne* zur Bezeichnung für einen speziellen Altersgeschmack. Die Gemeinsprache bewahrt das Wort in der Gegenwart sonst nur noch in Wörtern wie *Firnschnee, Firneis* und einigen zugehörigen Ausdrücken.

Auch bei der Wortfamilie *Kahm* mit den Mitgliedern *kahmen* und *kahmig, kahnig* ist heute nur die fachsprachliche Verwendung erhalten. *Kahm* ist ein Schimmel auf alkoholhaltigen Flüssigkeiten. Im 18. Jahrhundert sagte man: *Der Wein bekommt Kahm, er kahmet* oder *er wird kahmig.*[47] Heute kennt die Weinsprache *Kahm* als schleierartige Haut, die sich zu einer Decke von *Kahmhefen* verdichtet und den Alkohol verzehrt. Sie kennt den an Buttersäure erinnernden *Kahmgeschmack*, das *Kahmigwerden*, die *Kahmkrankheit* und mit *kahmig* ›muffig, schal, ranzig‹ auch einen Ausdruck, der das Ergebnis dieses Vorgangs bezeichnet.

Wie sich die Weinsprache aus der Gemeinsprache herausbildet, läßt sich an einzelnen Wörtern gut verfolgen. Die Entwicklung wird vom Interesse am Wein gesteuert. Solange sich die Wahl wie im 16. Jahrhundert nur auf *roten* oder *weißen, alten* oder *neuen* beschränkt,[48] besteht kein Bedarf an differenzierteren Bezeichnungen. Lange bilden wertende Attribute den Kern der Weinbeschreibung, charakterisierende sind die Ausnahme. 1709 werden Weine in diesem Sinne *edel, fürtrefflich* oder *delikat* genannt, aber auch *spirituös.*[49] Das dem französischen *spiritueux* nachgebildete Wort bedeutet bei Getränken ›geistig, feurig, kräftig, stark‹. Diese deutschen Ausdrücke werden zur Bezeichnung des Alkoholgehalts eines Weines durchweg bevorzugt.

Die Weinsprache tritt zu dieser Zeit auch mit Formulierungen wie *liebliche Schärfe* in Erscheinung. Hier liegt das weinsprachliche *scharf* ›unangenehm durch zuviel Kohlensäure‹ zugrunde, das durch das gemeinsprachliche *lieblich* ›angenehm‹ modifiziert ist. Farbe und Klarheit des Weins werden bereits genau beschrieben. Unter einem *blanken Wein* wird 1730 eine Kreszenz verstanden, die weiß und nicht gelblich ist.[50] Vom Bedeutungsspektrum ›glänzend, weiß, rein‹ wird hier nur die Farbbezeichnung aufgerufen. Heute bedeutet weinsprachliches *blank* dagegen ›klar‹ im Gegensatz zu *trüb*. Ein *gilbschielichster Wein* ist ›gelblich schillernd‹ und eine *hohe* oder *allzuhohe Farbe* ist so kräftig, daß sie schon als Mangel gilt.[51] In der neueren Weinsprache bedeutet *hochfarben* oder *hochfarbig* ›goldgelb‹ bis ›grau-bräunlich‹, während eine *hohe Farbe* in der Gemeinsprache bereits im 18. Jahrhundert jeder kräftige Farbton sein konnte, also auch hochrot oder hochgrün. Wieder zeigt sich, daß die Bedeutung des Weinworts spezifiziert worden ist.

Den Gegensatz von weinsprachlicher und gemeinsprachlicher Weinbeschreibung können Angaben in Hönns Betrugslexikon von 1753 verdeutlichen. Es wird vor betrügerischen Weinschenken gewarnt, die dem Wein eine *hohe Farbe* geben und ihn *an Geschmack schärfen*. Sie versuchen, bei Weinen einen *lieblichen Geschmack* und eine *schöne Farbe* vorzutäuschen, wenden besondere Mittel an, damit der Wein einen *angenehmen Geruch und Geschmack* aufweist, und sind auch auf einen *lieblichen Geruch* bedacht.[52] Damit das Publikum diese Warnungen recht versteht, werden sie von Hönn in allgemeinverständlichen Wendungen und ohne weinsprachliche Spezialausdrücke vorgebracht. Die Wahl des Ausdrucks ist hier vom angestrebten Kommunikationszweck abhängig.

## *Weinsprache zwischen Fach- und Gemeinsprache*

Wenn Fachleute wie Weinbauern oder Weinhändler über Wein sprechen, wollen sie dessen Eigenschaften möglichst zweifelsfrei benennen. Dazu bedienen sie sich eines Sonderwortschatzes, der sich im Laufe der Sprachgeschichte entwickelt hat und im ganzen den Charakter einer Fachsprache aufweist. Im Streben nach Eindeutigkeit der Bezeichnung bleibt die Fachsprache zwar hinter einer wissenschaftlichen Terminologie zurück, besitzt aber doch soviel Angemessenheit und Präzision, daß die Verständigung unter Fachleuten möglich wird. Die Fachsprache ist im Gebrauch festgelegt, ohne daß die Ausdrücke definiert worden wären. Das hat zur Folge, daß es konkurrierende Bezeichnungen gibt und die Reichweite der Weinsprache als Fachsprache begrenzt ist.

Die meisten Ausdrücke der Weinsprache sind aus der Gemeinsprache entnommen und haben im Laufe der Zeit ihre fachsprachliche Sonderbedeutung erhalten. Dabei wurden auch Ausdrücke bewahrt, die in der Gemeinsprache außer Gebrauch geraten sind. Sprechen Weinliebhaber und Weintrinker über den Wein, bedienen sie sich meist der Gemeinsprache und greifen deshalb zu Ausdrücken, mit denen Weineigenschaften durch Annäherung und Vergleich bezeichnet werden. Anders als die Fachsprache ist die Gemeinsprache vage und unscharf. Die Beschreibung wirkt deshalb erst im Zusammenhang der Kommunikation. Manche Fachwörter sind aus der Weinsprache wieder in die Gemeinsprache übernommen worden und werden dort zu deren Bedingungen gebraucht.

Von ihrer Struktur her ist die Weinsprache zunächst vor allem eine Fachsprache. Sie ist eng mit der Winzersprache, dem Wortschatz für Weinbergsarbeiten und Kellertechnik, verbunden und dient zur fachlich angemessenen Bezeichnung der Eigenschaften des Weins. Daneben wird sie im Weinhandel und in der Gastronomie zur differenzierten Bezeichnung des Handelsguts und Genußmittels Wein benutzt. Das hat Folgen für den Gebrauch und die Beschaffenheit des Weinwortschatzes. Im inneren Bezirk der fachsprachlichen Kommunikation ist er nicht normiert, sondern durch Gebrauch geregelt. In den äußeren Bezirken des Kontakts mit Kunden und Gästen sowie des Weingesprächs der Kenner und Liebhaber, wo sowohl Fachwörter als auch gemeinsprachliche Ausdrücke zur Bezeichnung der Weineigenschaften benutzt werden, ist die Ausdrucksvielfalt groß. Jeder Benennungsversuch stellt stets eine neue Annäherung an das Objekt des Interesses dar. Das hat zur Folge, daß die Beschreibungen weniger präzise sind und manche Ungenauigkeiten und Mißverständnisse heraufbeschwören.

Wie sich dies entwickelt hat und im Dialog wirkt, wurde in den beiden ersten Kapiteln an Beispielen nachgezeichnet. Dabei wurde vor allem die Außensicht der Weinliebhaber und Weinkenner eingenommen. Nun soll das Augenmerk auf die Binnensicht der Fachleute gerichtet werden. Manche Bezeichnungen für Eigenschaften des Weins sind alt. Eine systematische Weinsprache gibt es jedoch bis heute nicht. Dennoch hat sich der Kernwortschatz der Weinsprache, zu dem viele der heutigen Bezeichnungen gehören, seit dem frühen 19. Jahrhundert immer mehr verfestigt. In welchem Maße sich die Weinsprache von der Gemeinsprache abhebt, ist bis heute nicht allgemein bekannt.

In seinem Hand- und Lehrbuch für Weinbau und Kellertechnik hat Johann Christian Gotthard 1809 häufig noch zu wertenden Ausdrücken der Gemeinsprache gegriffen und Weine als *angenehm, gut, köstlich, delicat, vorzüglich, vortrefflich* oder *excellent* beurteilt.[53] Auch den Wirkungen des Weins hat er Aufmerksamkeit geschenkt, wenn er sie als *nahrhaft, magenstärkend* oder *blutverdünnend* bezeichnet. Zur Charakterisierung der Weineigenschaften verfügte Gotthard bereits über einen Sonderwortschatz von mehreren Dutzend Ausdrücken. Sie werden von ihm nicht systematisch erklärt, sondern in einem Fachbuch für Weinbauern, Kellermeister und Weinhändler als bekannt vorausgesetzt. Das ändert sich schon um die Mitte des Jahrhunderts.

Die Faktoren, die bereits vor zweihundert Jahren als Gründe für die geschmackliche Verschiedenheit der Weine genannt wurden, können auch heute aufgezählt werden: Rebsorte, Alter der Weinstöcke, Bodenbeschaffenheit und Lage, klimatische Bedingungen, Kellertechnik und Alter des Weines.[54] Dabei unterscheidet Gotthard grundsätzlich zwei Sorten von Weinen. Die einen nennt er *dick und grob*, die anderen *fein von Art*. Dies gibt den Gesamteindruck mit Bezeichnungen wieder, die aus der Gemeinsprache stammen, aber teilweise bis heute zentrale Ausdrücke der Weinsprache darstellen. Als *dick* wird heute ein körperreicher junger Wein bezeichnet, *grob* ist dagegen als Weinwort außer Gebrauch. Es bedeutete damals im positiven Sinne ›stark‹, im negativen das Gegenteil von *fein.* Sowohl *fein* als auch *Art* bzw. *artig* sind immer noch viel gebrauchte Ausdrücke der Weinsprache. Wenn Gotthard von *ganz artigen Weinen* spricht, meint er sortentypisch ausgebaute Kreszenzen.

Der Unterschied beider Weinsorten wird mit einem aus dem Griechischen stammenden medizinischen Fachwort verdeutlicht, das heute nicht mehr zur Bezeichnung einer Weineigenschaft gebraucht wird. Nach Gotthard enthalten die Sorten des ersten Typs *wenig Phlegma,* die des zweiten Typs einen *reichern Gehalt von Phlegma.* Das deutet darauf hin, daß unter *Phlegma* die ›wässerigte Feuchtigkeit‹ verstanden wird, von der ein Lexikograph des 18. Jahrhunderts spricht.[55] Andere verstehen unter *Phlegma* den Bodensatz, der sich nicht auflösen läßt.[56] Das wären beim Wein die Extraktstoffe, also gerade das Gegenteil einer wässerigen Feuchtigkeit. In diesem Sinne hat Schiller *Phlegma* 1782 in losen Versen für ›Destillationsrückstände‹ verwendet:

> Wie Wein von einem Chemikus
> Durch die Retort getrieben,
> Zum Teufel ist der Spiritus,
> Das Phlegma ist geblieben.[57]

Zur Beschreibung der Weineigenschaften greift Gotthard auf das seit der Antike bekannte Schema COS zurück, fügt aber noch weitere Aspekte hinzu und kommt so im ganzen auf fünf: Farbe, Geruch, Geschmack, Alkohol und Alter.[58] Da er bei seinen Beschreibungen auch die Klarheit des Weins, die Konsistenz, Säure und Kohlensäure sowie den Gesamteindruck berücksichtigt, stehen bereits Bezeichnungen für insgesamt zehn verschiedene Gruppen von Eigenschaften zur Verfügung. Für manche gibt es nur wenige Bezeichnungen, für andere dagegen umso mehr.

Bei der Klarheit des Weins werden die Zustände *klar* und *trübe* unterschieden. Für die Farben der Weißweine nennt Gotthard die Bezeichnungen *weiß, schiel, hellgelb* und *dunkelgelb*, für die Farben der Rotweine *gedeckt, dunkelroth, œil de perdrix* ›Auge des Rebhuhns‹ und *bleichroth.* An der Zusammenstellung erkennt man, daß es mehr um die Beschreibung farblich verschiedener Weinsorten als um die Angabe der Farbe eines bestimmten Weines geht. Tatsächlich gibt es Modifikationen. Dann lauten die Farbwörter *bleichgelb, röthlich, bleichroth* oder *lebhaft roth.* Echte Weinfarbwörter sind *schiel* für einen Weißwein mit rötlichen Reflexen, das metaphorisch gebrauchte französische *œil de perdrix* und *gedeckt,* das beim Wein das dunkelste Rot bezeichnet. In anderen Zusammenhängen, beispielsweise bei der Kleidung, würde man die Farbbezeichnung *gedeckt* nicht nur als ›dunkelrot‹ verstehen, sondern ebenso als ›dunkelblau‹ oder ›dunkelgrau‹.

Im Vergleich zu heute ist die Wahrnehmung des Geruchs wenig differenziert. Er wird darum mit gemeinsprachlichen Ausdrücken wie *aromatischer* oder *lieblicher Geruch* und *stärkender Duft* belegt. Ungleich reicher sind die Bezeichnungen für Geschmackseindrücke. Wein kann *süß* und *lieblich* schmecken oder *säuerlich, herbe* und *streng.* Er kann einen *aromatischen, bitterlichen, gewürzten, säuerlichen, scharfen* oder *süßlichen Geschmack* aufweisen, einen *Boden-, Erd-* oder *Mostgeschmack* besitzen und im ganzen *schmackhaft* oder *unschmackhaft* sein. Wenn der Wein *kalkicht* schmeckt, ist der Kalkboden des Weinbergs wahrzunehmen. Die vom Boden herrührenden Geschmacksnuancen werden heute besonders beachtet und herausgestellt. Daß man einem Wein bescheinigen kann, er sei *weinigt von Geschmack,* ist für den Nichtfachmann schwer verständlich. Im 18. Jahrhundert wird für das Adjektiv *weinicht* die Bedeutung ›dem Weine am Geschmacke ähnlich‹ angegeben.[59] Es wäre geradezu vernichtend, wenn das Prädikat dies bedeuten sollte. Als Fachwort der Weinsprache bedeutet *weinig* jedoch, daß der Weingeschmack in besonders konzentrierter Form zum Ausdruck kommt. Auf den Extraktgehalt wird 1809 mit den Ausdrücken *dick, dünn, fett, schwer* und *substantiös* hingewiesen. Ein *schwerer Wein* hat sowohl viel Extrakt als auch viel Alkohol.

Prädikate für den Gehalt an Säure im Wein sind *mild, säuerlich* und *sauer*, was damals wie heute als Fehler gilt. Auf eine deutliche Säure deuten die Ausdruckspaare *herb/Herbe* und *scharf/Schärfe*, auf zuviel Säure der *Krätzer*. Einen guten Gehalt an Kohlensäure bezeichnet das Wort *frisch*, auf einen Mangel deuten die Ausdrücke *schal* und *matt*. Fehlerhaft sind auch Weine, wenn sie *kanicht, schwach, trüb* oder *zäh* sind. *Stumm* wurde bereits 1809 ein Wein genannt, bei dem mit einem Übermaß an Schwefel die Gärung unterbrochen worden war. Daran erinnerten sich manche Erzeuger, die nach dem Zweiten Weltkrieg in Deutschland Weine mit Restsüße produzieren wollten.

Wie relativ die Urteile sind, zeigt sich am Beispiel des Alters. Gotthard unterscheidet vier Phasen, in denen der Wein als *neu, jung, mittelalt* oder *alt* zu bezeichnen ist. Das Alter französischer und deutscher Weine wird indes damals ganz verschieden beurteilt. Während französischer Wein nach vier Monaten schon für *mittelalt* und im zweiten Jahr bereits für *alt* gehalten wird, gilt deutscher Wein bis ins sechste Jahr als *jung*.[60] In dieser Ansicht spiegelt sich sowohl die Mode, die zeitweilig jüngere und dann wieder ältere Weine bevorzugt, als auch die Art der Weinbereitung. Bei primitiverer Kellertechnik führte erst ein längeres Lager zur Genußfähigkeit des Weins.[61] Die Krone wurde seit Jahrhunderten und deshalb auch noch 1809 einem gepflegten, alten Wein mit *Firne* zuerkannt.

Nach ihrem Alkoholgehalt wurden Weine zu Beginn des 19. Jahrhunderts als *stark* oder *schwach* bezeichnet, auch als *heiß* und *feurig*. Ein Wein konnte sogar *branntweinartig* auf die Zunge fallen. Auf den Alkohol verweist ein Doppelprädikat wie *Feuer und Geist*. Entsprechend bedeutet *geistig* als Weinwort um 1800 noch ›alkoholisch‹ und *geistreich* ›alkoholreich‹. Ein Wein mit hohem Alkoholgehalt wird darum von Gotthard als *stark von Geist* bezeichnet. Das würde heute gewiß zu Mißverständnissen führen, weil die damals ganz übliche Teilbedeutung ›Alkohol‹ heute kaum noch aufgerufen wird. Adelung umschreibt den Satz *Der Wein hat vielen Geist* mit den Worten ›viele flüchtige wirksame Theile‹.[62] Im »Punschlied« spielt Schiller 1803 mit den Bedeutungen des lateinischen Wortes *spiritus:*

> Tropfen des Geistes
> Gießet hinein,
> Leben dem Leben
> Gibt er allein.[63]

Wie *Phlegma* ist auch *Geist* keine Vokabel der Weinsprache mehr. Die alte Bedeutung lebt aber im *Weingeist* und in der Fügung *geistige Getränke* fort.

In der zweiten Hälfte des 19. Jahrhunderts hat sich die Weinsprache zu einer Fachterminologie entwickelt, die bereits so weit von der Gemeinsprache entfernt ist, daß der Wunsch nach Zusammenstellung und Erklärung besteht. Der Weingutsbesitzer Benedikt Kölges unterscheidet 1841 bereits mehr als hundert Eigenschaften, die dem Wein jeweils seinen Charakter geben. Sie reichen von *abgeklärt, abgelagert* und *abgelegen* über *hart, hefig* und *jung* bis zu *zeitig, zerstört* und *zuckersüß*.[64] Wilhelm Hamm führt 1865 rund einhundertfünfzig Ausdrücke auf, hält aber viele für sprechend und daher nicht erklärungsbedürftig.[65] Dazu gehören solche wie *entsäuert* oder *entschleimt*, mit denen die Auswirkungen kellertechnischer Verfahren auf die Beschaffenheit des Weins bezeichnet werden. Die Ausdrücke *bouquetlos* und *bouquetreich* sind leicht zu verstehen, wenn man weiß, was ein *Bouquet* bzw. *Bukett* beim Wein ist und wie es sich von der *Blume* unterscheidet. Weinwörter wie *blumig, feurig* oder *würzig* hatten schon im 19. Jahrhundert in der Weinsprache eine besondere Bedeutung, die aber damals wie teilweise auch heute weithin bekannt war.

Das galt mit Einschränkungen auch für Bezeichnungen wie *böckserig, brennserig* oder *kahnig.* Auf die Bedeutung von *böckserig* konnten sich die Zeitgenossen einen Reim machen, weil man die Wörter *böckig* und *böckisch* kannte. Sie standen damals für ›bockähnlich‹ und, davon abgeleitet, für ›stinkend‹.[66] Als *brennserig* wurde ein eigentümlicher Geruch und Geschmack nach gedörrtem Obst bezeichnet.[67] Daß *kahnig* ›Kahm habend‹ bedeutete, war allgemein bekannt. Das Wort entstammt der Wortfamilie *Kahm, Kahn* ›Schimmelüberzug auf gegorenen Flüssigkeiten‹, zu der auch die Wörter *kahmen, kahmigt* oder *kahnigt* und *verkahmen* ›verschimmeln‹ gehören. Man kannte den *Weinkahm* und sprach davon, daß ein Wein *verkahmt* sei.[68]

Unter den zusammenfassend charakterisierenden Bezeichnungen waren einige, die heute noch in Gebrauch wären, wenn dem nicht weinrechtliche Gründe entgegenstehen würden. Die Herstellung des *Haustrunks* für den Eigenbedarf des Winzers ist heute verboten. Damit gehört auch ein so schöner Ausdruck wie *Fluppes* zu den bedrohten Wörtern. Der Haustrunk wurde als *Treberwein* oder *Drusenwein* gewonnen, wobei entweder der *Treber*, die Rückstände des Keltervorgangs, oder die *Druse*, der Kelterrest, verwendet wurden. Unter *Hauswein* wurde 1865 nicht der Haustrunk verstanden, sondern ein ›Consumtionswein‹ oder ›Tischwein‹, das Getränk für alle Tage. Vom *Naturwein* wurde nicht nur damals, sondern bis 1970 gesprochen, ehe die Weinjuristen den Begriff »naturrein« nicht mehr auf Wein angewandt haben wollten, weil auch Schwefel im Wein enthalten ist. Im Gegensatz zum *Drusenwein*, der als Haustrunk aus Weinhefe gewonnen wurde, war der *Hefenwein* ein Wein, der noch auf Hefen lagerte. Weinerzeuger und Weinhandel benötigten Ausdrücke, die Wein in bestimmten Zuständen benannten. Dazu gehören auch der *Lagerwein*, der der besseren Haltbarkeit wegen in großen Lagerfässern gehalten wurde, und der *Zapfwein*, der *gestellt*, also ›von allen fremdartigen Stoffen gereinigt‹ und dadurch ›krankheitssicher‹

gemacht war. Unter einem *Bratenwein* wurde 1874 nicht nur ein Wein verstanden, der zu Fleischgerichten paßt, sondern allgemein eine Sorte von hoher Qualität.[69] Es kommt vor, daß ein derartiger Ausdruck in der heutigen Werbung noch einmal herausgestellt wird.

## *Kern- und Aufbauwortschatz der Weinsprache*

Immer wieder haben die großen Lexikographen unter dem Stichwort Wein zugleich die wichtigsten Wörter der Weinsprache versammelt. Sie haben dabei zusammengetragen, was die Sprachgemeinschaft an Weinwörtern besaß, es den Zeitgenossen vorgeführt und der Nachwelt überliefert. Staunenswert ist die Fülle dessen, was Kaspar Stieler 1691 als den weinsprachlichen Kern der »Teutschen Sprache« anführen kann.[70] Da alle Ausdrücke lateinisch umschrieben sind, können wir uns von den Bedeutungen eine recht gute Vorstellung machen. Stieler kennt *starken, gelinden* und *gesunden* Wein, aber auch *harten* und *sauren.* Werden damit positive und negative Eigenschaften trinkbarer Weine benannt, so bezeichnen die folgenden Ausdrücke Zustände als Folge der Kellerarbeit. *Abgezogener* Wein ist ›breiter‹ und *aufstehender* Wein einer, der von einer Krankheit befallen ist. *Seiger* Wein, von dem schon Fischart sprach, ist *schwerer* oder *zäher* Wein. Auf dem *kanichten* hat sich eine schleierartige Haut gebildet, die ihn schal und muffig riechen und schmecken läßt.

Nach dem Alter wird *heuriger* Wein von *neuem* und *altem* unterschieden und *zwey-*, *drey-* oder *vierjähriger* Wein gewiß schon zu den *tauerhaften* ›dauerhaften, haltbaren‹ Kreszenzen gerechnet. *Firnewein* hieß damals der einjährige Wein. Später wurde das Wort zur Bezeichnung eines Weins mit deutlichem Altersgeschmack. Wein von besonderer Güte wird *herzlich* oder *gut* genannt; ihm wird der *verdorbene* gegenübergestellt. Einige Wörter lassen erkennen, welche Kellerarbeiten üblich waren. *Geschwefelter* Wein ist haltbar gemacht, *gesottener* Wein durch Erhitzen des Mosts verbessert, *vergorener* Wein durch die Gärung gewonnen, *gewürzter* Wein durch Zusätze geschmacklich verändert und *geschmierter* Wein gepanscht. Hinsichtlich der Farbe werden im Barockzeitalter *schieler, roter* und *blanker* Wein unterschieden, also *Schillerwein*, der damals schon so hieß, sowie Rot- und Weißwein hergestellt. Daß *fremder* Wein mit *süßem* in einem Atemzug genannt wird, zeigt auch, woher man diesen erwartete. Eine geschmackliche Eigenart wurde *Ländschwein* genannt und zugleich erklärt: *der nach Erde schmeckt.* Schließlich war *weinichter Wein*, lateinisch *vinum vinosum*, ein Wein, der seine Art deutlich zum Ausdruck bringt.

Einige Weinwörter betreffen Herkünfte, Güteklassen und Verwendungen. Auch damals lieferte der an Hängen wachsende *Bergwein* eine höhere Qualität als der Talwein. Der von der Kelter ablaufende Most hieß *Kelterwein* oder *neugekelterter Wein.* Was als hochwertigste Essenz ohne Druck aus dem Lesegut herausläuft, wurde damals *Trauf-* oder *Tropfwein* genannt. Mit *Preßwein* oder *Nachdruck* wurde derjenige Most bezeichnet, der bei stärkstem Kelterdruck gewonnen wird, wenn auch unreifes Lesegut ausgepreßt wird. Für den minderwertigen Nachwein aus Preßrückständen gab es mit *Treberwein* aus unvergorenem Treber und dem von Stieler als *Trösterwein* bezeichneten weinähnlichen Getränk aus gegorenem Trester zwei Bezeichnungen, die bis ins 20. Jahrhundert gebraucht worden sind, ehe die Herstellung des Haustrunks 1994 endgültig verboten wurde. Angesichts der geringen Qualität bekam das sonst *Tresterwein* genannte sehr dünne und saure Erzeugnis im Spätbarock durch die Rundung des *e* zu *ö* etwas ungemein Tröstliches. Mit *Füllewein*, dem Füllwein zum Auffüllen der Fässer, und *Hefenwein*, dem Wein, der noch hefig getrübt oder von der Hefe noch nicht abgezogen ist, enthält die umfangreiche Liste vom Ende des 17. Jahrhunderts zwei weitere

Bezeichnungen, die sich der Kellertechnik verdanken. Auch *Mutterwein* gehört dazu, bei dem zur Erklärung noch hinzugefügt war: *der noch auf der Mutter liegt.* Damit war gemeint, daß die Hefe bereits im Faß zu Boden gesunken, der Wein aber davon noch nicht abgezogen ist.

Hinsichtlich der Qualität wurde unverschnittener *Lauterwein* von schlechtem *Lumpenwein* unterschieden. Der Lauterwein hat seine Bezeichnung vom Adjektiv *lauter*, das seit dem Mittelalter ›rein‹ bedeutet und so heute noch in der Bezeichnung *lauteres Gold* gebraucht wird. Saurer und herber Wein wurde *Marterwein* genannt, was die Leiden der Weintrinker sehr plastisch zum Ausdruck bringt. Der im Lande gewachsene Wein hieß *Landwein*, was anders als heute über seine Qualität nichts aussagte. Den *Tischwein* trank man bei Tische, und wenn es keinen gab, war das der Erwähnung wert: *Malzeit ohne Wein.* Der verkäufliche, im Faß gehandelte Wein hieß *Zapfenwein.* Der *Herrenwein* wurde auf lateinisch mit *vinum edentulum* umschrieben, einem zahnlos machenden Wein, dem Pendant zum späteren *Strümpfestopfer.* Ein auserlesener, herrschaftlicher Wein hieß *Mundwein*, der *Kern-* oder *Haubtwein* war ein Spitzenwein, dem auf lateinisch attestiert wurde, *vinum c.o.s.* und damit von guter Farbe, gutem Geruch und gutem Geschmack zu sein. Wir kennen den Begriff, der das Schema der antiken Sinnenprobe wiedergibt, bereits von Johann Fischart aus dem 16. Jahrhundert.

Mit einigen Wörtern werden Weine benannt, denen bestimmte Wirkungen zugeschrieben wurden. *Eselswein* war ein Wein, *der unlustig machet*, und *Sauwein* sogar einer, *der einen zum Unflat macht.* Vor dem hatte man sich zu hüten. *Der arg macht*, hieß *Fuchswein*, *der einen bös und mürrisch macht*, wurde *Löwenwein* genannt. Schließlich gab es drei Bezeichnungen für Weine, die Folgen für die Kommunikationsfähigkeit haben: *Elsterwein* war einer, *der plaudern macht*, und *Affenwein* einer, *der einen kurzweilig macht.* Daß Stieler und seine Zeitgenossen sehr wohl auch die gegenteilige Wirkung kannten, durch die ein Gesprächsteilnehmer nach Weingenuß verstummt, zeigt der Ausdruck *Lammwein.* Er bezeichnet einen Wein, *darbey einer still sitzt.*

Im Vergleich mit Stieler ist die Zusammenstellung knapp, die Johann Christoph Adelung hundert Jahre später vorlegt. Obwohl ihm mehr Ausdrücke bekannt sind, beläßt es Adelung 1801 unter dem Stichwort *Wein* bei nur vier speziellen Weinwörtern: *jung, alt, süß* und *sauer.* Allerdings fügt er mit *rein* noch ein fünftes hinzu, weil es in der Redensart *jemandem reinen Wein einschenken* in übertragener Bedeutung gebraucht wird.[71] Joachim Heinrich Campe, Adelungs Konkurrent und siamesischer Zwilling als Lexikograph der Goethezeit, nutzt dies 1811 zu einem kleinen lexikographischen Essay, mit dem er seiner Leserschaft das Feld der wichtigsten Weinwörter vorträgt und seinem Kollegen zugleich den Spiegel vorhält.[72] Er kennt *jungen* und *alten, süßen, herben* und *sauren* sowie *schalen* Wein, unterscheidet nach Farbe und Klarheit *rothen, weißen, blanken* und *reinen* Wein, weiß um die Manipulationen, die zu *verfälschtem, gemischtem* und *gemantschtem* Wein führen und erläutert, was man in Spanien unter einem *gesottenen* Wein verstand. Die Erklärung zeigt aber, daß der Braunschweiger Verleger und Lexikograph Campe nicht sachverständig ist. Er gibt an, daß Saft von besten Trauben zu Sirup eingekocht und dann zusammen mit eingekochtem Most zur Gärung gebracht werde. Den Weinfachleuten war jedoch bekannt, daß gekochter Most kaum gären kann, weshalb zur Herstellung schwerer Weine eingekochter mit frischem Most verschnitten wurde und nur dadurch vergoren werden konnte.[73]

Auch mit anderen Fachausdrücken der Weinsprache haben Adelung und Campe Probleme. Sie kennen den *Beermost,* der ungepreßt als Essenz aus den Weinbeeren läuft und dann *Beerwein* oder *Vorlaß* genannt wird. Dabei ist *Vorlaß* die Bezeichnung für den ersten Ablauf von der Kelter und *Beerwein* vor allem das Wort für den hochkonzentrierten, oft süß bleibenden Wein aus dem *Beermost.* Adelung und Campe fügen noch hinzu, unter *Beerwein* habe man auch den Wein verstanden, der wieder auf frische Beeren gegossen worden sei und sie dadurch stärker gemacht habe. Daß fertige Weine mit jungen vermischt werden, ist nicht ungewöhnlich. Daß man ein derartig hochwertiges Erzeugnis aber *Raps* oder *Rapswein* genannt habe und dies von den *Rappen*, den grünen oder verholzten Traubenstielen herzuleiten sei, kann nicht stimmen. Denn die *Rappen* verursachen einen herb-bitteren Beigeschmack und damit das Gegenteil von dem, was mit der beschriebenen Verbesserung erreicht werden sollte.

Bei anderen Weinsorten und Zubereitungen befinden sich die Lexikographen wieder auf vertrautem Gelände. Sie erklären, daß *Strohwein* durch wochenlanges Trocknen der Trauben auf Strohmatten hergestellt wird. Seitdem die Mostkonzentration durch Filtrierung in der Gegenwart zugelassen worden ist, wird hie und da auch wieder mit der eigentlich verbotenen Strohweinerzeugung experimentiert. Ein *Magenwein* war in der Goethezeit sowohl ein *feuriger kräftiger* Wein als auch einer, der mit magenstärkenden Mitteln versetzt war. Beide sollten den Magen stärken und die Verdauung fördern. Das Wort *Würzwein* beschreibt Campe ebenfalls als doppeldeutig. Es bezeichnete sowohl einen *würzhaften* Wein, dem die Natur einen würzigen Geschmack und Geruch mitgegeben hat, als auch einen, der mit Gewürz angemacht ist. *Bischof* heißt ein aus Rotwein, Orangensaft und Zucker zubereitetes Getränk. Wird es aus Weißwein gemacht, nennt man es in der Goethezeit und im ganzen 19. Jahrhundert *Kardinal.* Wenn dazu die vorzüglichsten Ingredienzien genommen wurden, bezeichnete man es sogar als *Papst.* Diese Benennungen zeigen die Wertschätzung des Weißweins, der wegen der Süße seiner großen Edelweine und der komplexen Geschmacksfülle seiner Spitzenweine vor den meist durchgegorenen Rotweinen rangierte. Im 20. Jahrhundert hat sich dies beim *Glühwein* umgekehrt. Wird er aus Rotwein zubereitet, trägt er den Ehrennamen *Admiral.* Aus Weißwein ist das dünne Getränk dagegen nur ein *Seehund.* Den *Bischof* kennen die Literaturkenner aus den »Buddenbrooks«, denn Sesemi Weichbrodt versteht sich auf seine Herstellung. »Noch ein bißchen Beschaf?«, fragt sie den Besucher in ihrer wunderlichen hyperkorrekten Aussprache, und Thomas Mann verrät, daß es sich um einen roten und süßen Punsch handelt, der kalt serviert wird.

Bei Daniel Sanders liest sich manches 1876 schon wieder etwas anders, weil nun auch die Weinfachliteratur für das Wörterbuch ausgeschöpft worden ist.[74] Sanders unterscheidet deshalb nicht nur *jungen, alten* und *abgelagerten Wein* sowie *roten, weißen* und *blanken*, sondern auch *süßen, herben* und *sauren* sowie *leichten, schweren* und *berauschenden.* Er weiß, daß Wein ein *feines Bouquet* oder eine *feine Blume* haben kann, auch einen *lieblichen Geschmack* und *viel Feuer.* Schließlich kennt er auch schon den besonderen Stil der Weinsprache, in dem unter Weinkennern das Überflüssige beiseite gelassen wird und darum nur noch *hat Körper* gesagt wird, wenn sich ein Wein durch einen hohen Gehalt an Extraktstoffen auszeichnet. Dieser äußersten Reduktion setzt Sanders eine Weinbeschreibung entgegen, in der von einem Wein die Rede ist, *der sich dem Geruch mit vollwürzhaftem Bouquet ankündigt, hinter starken Zügen aber auf der Zunge matt abfällt.* Heute würde man sagen: *aromatisch und vollmundig, aber kurz.* Daß auch die Heinzelmännchen sich mit dem Wein und ihr Schöpfer August Kopisch mit den Weinwörtern auskannten, hat Sanders ebenfalls festgehalten:

> Beim Schenken war es so: es trank
> der Küfer bis er niedersank,
> am hohlen Fasse schlief er ein,
> die Männlein sorgten um den Wein
> und schwefelten fein
> alle Fässer ein

und rollten und hoben
mit Winden und Kloben
und schwenkten
und senkten
und gossen und pantschten
und mengten und mantschten.
Und eh' der Küfer noch erwacht',
war schon der Wein geschönt und fein gemacht.

Zwar verrichten die Heinzelmännchen die Kellerarbeit in Windeseile, doch nutzen sie dabei auch unerlaubte Praktiken. Denn am Ende ist der Wein zwar *geklärt* und *geschönt*, aber auch *gemantscht* und *gepantscht*.[75]

Andere Ausschnitte aus der Wahrnehmung der Weineigenschaften liefern die Mundartwörterbücher, besonders diejenigen, in deren Gebiet Weinbau betrieben wird. Wie ihre Kollegen in anderen Gegenden hatten auch die Bearbeiter des Rheinischen Wörterbuchs das Ohr am Volk. Sie erfaßten den Weinwortschatz an Ahr und Mittelrhein, an Mosel, Saar und Ruwer und schließlich auch an der Nahe.[76] In einer Weingegend wird ständig über die Eigenschaften des Weins gesprochen, von denen der Erfolg und damit der Lebensunterhalt weiter Bevölkerungskreise abhängen. Die Mundartsprecher unterscheiden darum nicht nur *ruden* ›roten‹ von *weissem* Wein, sondern vor allem auch *reinen* Wein vom Gegenteil, dem *gemantschten* und *gepantschten* oder dem *geschmerden* ›geschmierten‹, *gezuckerten* und *gedäften* ›getauften‹. Wie überall schätzt man *süßen* Wein und fürchtet *sauern*, was an den Koseworten abzulesen ist: *Rampes, soren Hungk* ›saurer Hund‹ und *harder Knochen*. Man blickt auf den *alen* oder *firnen* Wein wie auf den *jongen*, kennt *vollen* und *dönnen* ›dünnen‹ oder *spitzen*, ebenso *leichten* und *schweren*. Man weiß, daß Wein *hart* sein kann, aber auch *schärpsig, schmalzig, süffig* oder *spritzig*. An der Mosel bedeutet *der Wein gäht* ›geht‹ *an den Mann*, daß es sich um einen gehaltvollen Tropfen handelt, dessen Alkoholgehalt dem Weintrinker zusetzt. Stärker wird dies mit der auf das Wesentliche reduzierten Bemerkung *der Wein wirft* ausgedrückt, die der Redensart ›wirft den stärksten Mann um‹ entspricht. In den Sätzen *der Wein böckst* ›schmeckt nach Dünger‹ und *der Wein wanst* ›schmeckt schal‹ kommen auch Befürchtungen der Winzer und Sorgen um die Qualität ihrer Erzeugnisse beredt zum Ausdruck.

## *Aspekte der Weinbeschreibung*

Seit der Antike werden die Eigenschaften des Weins nach einem einfachen Schema beurteilt. Auf Farbe, Geruch und Geschmack, lateinisch *color, odor* und *sapor* und seit jeher COS abgekürzt, richtet sich die Sinnenprüfung, wie die organoleptische Probe gewöhnlich genannt wird. Man spricht auch von der Weinkost oder Weinverkostung. Zur Feststellung der Beschaffenheit eines Weins gibt es verschiedene Verfahren. Durch chemische, physikalische und mikrobiologische Untersuchungen lassen sich bestimmte Eigenschaften messen.[77] Nicht messen läßt sich mit derartigen Verfahren der Eindruck des Weins auf den Menschen, der sich nur sensorisch erfassen läßt.[78] Darum ist neben der Laboranalyse auch die Sinnenprüfung für die amtliche Qualitätsprüfung vorgeschrieben.[79] Sie folgt bis heute im wesentlichen dem antiken Schema.

Für den Weinkenner ist eine sensorische Prüfung, die sich auf die Feststellung einer einwandfreien Beschaffenheit beschränkt, jedoch nicht ausreichend. Denn die Differenzierung der Weine beginnt erst jenseits der Hürde, die die amtliche Qualitätsprüfung darstellt. Sie scheidet die nicht zufriedenstellenden oder gar mangelhaften Weine aus und gibt nur solche frei, die eine garantierte Mindestqualität besitzen. Die Art und der individuelle Charakter eines Weines werden aber erst erfaßt, wenn jedes einzelne Erzeugnis nach seinen Eigenschaften beschrieben wird. Was dazu nötig ist, wurde in nunmehr zweihundert Jahren immer wieder diskutiert.

Daß man bei der Beurteilung der Weineigenschaften über das antike Schema *cos* hinausgehen müsse, hatte Gotthard schon 1809 unterstellt. 1841 schlug Kölges aufgrund seiner jahrzehntelangen Erfahrung als Weingutsbesitzer im Rheingau bereits vor, die Eigenschaften und Besonderheiten des Weins nach dreizehn verschiedenen Gesichtspunkten zu betrachten.[80] Die Prüfung richtete sich auf Farbe und Klarheit, Geruch und Geschmack und folgte damit dem Schema *cos*. Daneben wurden Flüchtigkeit und Flüssigkeit des Weins beobachtet, das Freiwerden der Geruchs- und Geschmacksstoffe sowie das Erreichen der Dünnflüssigkeit mit zunehmendem Alter. Unter geistigem und körperlichem Gehalt wurden Alkohol und Extrakt verstanden, zwei Bestandteile, die den Charakter eines Weins wesentlich mitbestimmen.

Die Abgrenzung des Aromas von Blume und Bouquet bereitete Probleme, weil man sie gewöhnlich als Ausdruck derselben Eigenschaft ansah. Das nichtflüchtige, im Wein gebundene Aroma wurde als Ausdruck des Reifezustands der Trauben begriffen, Gewürz hingegen als Ausdruck der Rebsorte. Säure, Zuckergehalt und Bitterkeit sind Eigenschaften, die sich gut voneinander abgrenzen lassen. Diesen Aspekten waren zwei weitere hinzugefügt, die damals von größerer Bedeutung waren als heute: die berauschende Kraft des Weins und seine Haltbarkeit. Seitdem Wein in Flaschen abgegeben wird, ist die Haltbarkeit nicht mehr ein so großes Problem wie zu Zeiten der Faßlagerung. Dennoch spielt die Lagerfähigkeit und vor allem die Lebenserwartung eines Weins gerade bei Spitzenerzeugnissen noch immer eine große Rolle. Zur Einteilung der Weine wurden den wichtigsten Eigenschaften 1841 die folgenden Bezeichnungen in geordneter Reihenfolge beigegeben:

Jahrgang: *ausgezeichnet · sehr gut · gut · mittelmäßig · gering · schlecht · gänzlich wertlos.*

Entwicklungsstufe: *Weine der Bildung · der Fortschreitung · der vollendeten Ausbildung · der Erhaltung · der Rückschreitung · der Auflösung und Zerstörung.*

Innerer Gehalt: *ausgezeichnet · geistig · konzentriert · sehr gut · gut · mittelmäßig · gering · geistlos · schal.*

Fortschreitung: *gärend · schäumend · nachgärend · jung · ausgebildet · firn · abgelegen · abgelagert · alt · rückgängig.*

Gesundheitszustand: *gesund · krank.*

Farbe: *federweiß · farblos / hell · schillernd · rot · dunkelrot · hellgelb · goldgelb.*

Geruch und Geschmack: *bouquetreich · blumig · brennserig · würzig · flüchtig · stumm · geruchlos · trocken · süß · bitter · sauer · rauh · herb · hart · gering · schlecht · gänzlich wertlos.*

Reinheit und Sortenreinheit: *natürlich · einfach · gemischt · nachgebildet · gekünstelt · verfälscht.*

Wirtschaftlicher Wert: *gemeine Hausweine · Wirtschaftsweine · Handelsweine.*

Die meisten dieser Weinwörter sind der Gemeinsprache entnommen, besitzen aber dadurch, daß ihnen in einer Gruppe ähnlicher Ausdrücke ein genau bestimmter Platz angewiesen ist, eine festgelegte weinsprachliche Sonderbedeutung. Sie gilt aber nur für diese Zusammenstellung und ist auch hier nicht zweifelsfrei. Denn etliche Bezeichnungen werden wie *ausgezeichnet, mittelmäßig* oder *gänzlich wertlos* zur Bezeichnung verschiedener Weineigenschaften gebraucht, was ihren Wert als Fachwort erheblich mindert. Die Bezeichnung *gering* ist weinsprachlich sogar mehrdeutig und damit als Fachwort nahezu unbrauchbar.

Hinter einer derartig differenzierten Sinnenprüfung bleibt die amtliche Qualitätsprüfung zurück, weil es ihr nicht um eine vollständige Erfassung der Weineigenschaften geht, sondern um die Prüfung der Anforderungen, die an ein typisches und einwandfreies Erzeugnis zu stellen sind. Darum wurde vorgeschlagen, wie zu Zeiten der Römer nur Aussehen, Geruch und Geschmack des Weins zu prüfen.[81] Das deutsche Weingesetz fordert die Bewertung von Farbe, Klarheit, Geruch und Geschmack, bei Schaumweinen und Perlweinen zusätzlich noch die Prüfung der Schaumkrone. Differenzierter ist eine Bewertung nach Farbe und Klarheit, Süße und Säure, Alkoholgehalt und Körper, Blume und Bukett, Abgang, Alter sowie Art und Rasse.[82] Noch stärker unterscheidet ein Beurteilungsschema, das Farbe, Klarheit, Trübung, Flüssigkeitsgrad, Kohlensäuregehalt, Duft, Entwicklung und Alter, Reintönigkeit, Art, Körper, Süße, Säure, bei Rotweinen auch Gerbstoff, Alkohol, Jahrgangsreife, Lese, Verbesserung, Mängel bzw. Fehler oder Krankheiten, Temperatur und Reize berücksichtigt.[83] Die Trinktemperatur unterliegt Schwankungen, die verhältnismäßig kurzfristig auftreten können. Obwohl sie Geruch und Geschmack des Weins im Glas stark zu beeinträchtigen vermag, werden ihre Bezeichnungen meist nicht unter den Weinwörtern geführt. Folgende Bezeichnungen werden dafür verwendet:[84] *zu kalt, kalt, trinkrecht, lau, warm, zu warm* oder *suddelig*. Davon gehören nur *suddelig* und *trinkrecht* nicht zur Gemeinsprache.

## *Zur Grammatik und Semantik der Weinsprache*

Die Weinsprache besteht in erster Linie aus Substantiven wie *Art, Frucht* und *Würze*, aus Adjektiven wie *edel, lieblich* und *reif*, aus Verben in flektierter Form wie *böckst, hängt* und *wirft* oder adjektivisch gebrauchten Partizipien wie *aufbrausend, ausgegoren* und *eingekocht*, aus abgeleiteten Wörtern wie *böckserig, grundsig* und *repsig*, Zusammensetzungen wie *Eiswein, Kahmgeschmack* und

*Lagenton*, festgefügten attribuierten Substantiven wie *grüner Wein, saurer Hund* und *schwarzer Bruch* und redensartlich gebrauchten, unvollständigen Sätzen wie *tapeziert das Maul, probiert sich nicht, geht an den Mann* und *fällt hinten ab.* Gebraucht werden die Weinwörter ohne jeden Kontext wie bei *harmonisch* oder *Spiel*, häufiger jedoch in knappen Formulierungen aus mehreren Wörtern wie bei *pikant, ausdrucksvoll* oder *dezente Blume, elegante Reife.* Mit Funktionswörtern werden Beschreibungen wie *hat Art* und *hat Körper* erzeugt. Weitere Funktionselemente dienen der Modifikation wie bei *sehr fruchtig* oder *hochreif, vollstoffig* und *zartblumig.*

Die meisten Weinwörter werden auch in der Gemeinsprache gebraucht, etliche aber sind spezifisch weinsprachlich. Das kann daran liegen, daß sich in der Weinsprache alte Wörter wie *firn* oder *kahmig* erhalten haben, die in der Gemeinsprache in Vergessenheit geraten sind, oder daß für die Weinsprache neue Wörter gebildet wurden. Dies können Ableitungen wie *Faulser* oder *Korkser* sein oder Neubildungen, wie sie reichhaltig in den Dialekten der Weinbaugegenden vorkommen. So gibt es beispielsweise in den südhessischen Mundarten mehr als hundert verschiedene Wörter zur Bezeichnung eines schlechten Weins oder eines Nachweins: *Bampes, Boppes, Bumpes* und *Gickes, Gackes, Gackelack*, aber auch *Girri, Gori, Gari* und *Aschpes, Lajim, Schlenkedötz.*[85] In dieser Fülle zeigt sich, wie eine lebendige und nicht durch Normen begradigte Sprache sich entwickelt und verändert. Das macht auch ein Vergleich der Bezeichnungen für die Jahrgangsreife deutlich, die im Abstand von hundertundzehn Jahren 1841 und 1951 vorgeschlagen worden sind:

1841: *gänzlich wertlos · schlecht · gering · mittelmäßig · gut · sehr gut · ausgezeichnet.*[86]

1951: *grasig · grün / unreif · unselbständig · klein · selbständig · mittel · reif · groß · edel · Jahrhundertwein.*[87]

Daß es dabei fast gar keine Übereinstimmungen gibt und sich die Weinsprache auf diesem Teilgebiet in einem Jahrhundert nahezu vollständig gewandelt haben soll, ist schon überraschend. Denn die Wörter oder Wortbestandteile entstammen alle der Gemeinsprache. Aus dieser Beobachtung, die für große Teile der Weinsprache gilt, hat man gefolgert, die Weinwörter bedürften keiner Erklärung. Wilhelm Hamm war 1865 der Auffassung, die Weinwissenschaft habe »ihre besonderen technischen Bezeichnungen«, sie besitze »eine besondere Nomenclatur des Weins«, doch ergebe sich deren Erklärung »meist durch das Prädicat selbst«.[88] Hundert Jahre später wurde die Ansicht immer noch vertreten: »Die meisten Fachausdrücke erklären sich aus sich selbst«.[89]

Dabei war August Wilhelm v. Babo bereits 1886 von dieser Behauptung abgerückt, als er jene Weineigenschaften, die sich als Ergebnis der kellertechnischen Behandlung darstellen, ausführlich erläuterte und dabei auch die traditionellen Bezeichnungen benutzte.[90] Zur sogenannten Weinansprache, mit der auf Weinproben die Sinneseindrücke beschrieben werden, bemerkte Babo, sie stelle zwar eine »besondere technische Sprache« dar, doch sei sie »je nach Gegend und Landessitte äußerst verschieden«.[91] Dem stimmte der bedeutende Weinhistoriker Friedrich von Bassermann-Jordan zu, der die unter Weinfachleuten üblichen Bezeichnungen für so wenig übereinstimmend ansah, daß er sie oft nur in einem sehr begrenzten Umfeld gelten lassen wollte.[92]

Daß es sich beim Verstehen der Weinwörter aufgrund des Gebrauchs in der Gemeinsprache häufig um ein Scheinverstehen und bestenfalls um eine Annäherung handelt, möge ein Beispiel verdeutlichen. Ein *netter* Mensch ist ›liebenswürdig, anziehend, ansprechend, freundlich, entgegenkommend‹. Auf Kleidung bezogen, heißt *nett* ›geschmackvoll, adrett, gepflegt‹. Ein *netter Abend* ist ›angenehm, lustig, gemütlich‹ und ein *nettes Sümmchen* ›stattlich‹. In der Weinsprache heißt *nett* dagegen ›klein, sauber, ohne besondere Eigenschaften‹. Wie die weinsprachliche Bedeutung sich entwickelt hat, kann man aus den gemeinsprachlichen Bedeutungen schließen. Wenn die Antwort auf die Frage »Wie war's?« *ganz nett* lautet, handelt es sich möglicherweise auch um ein Ereignis ohne besondere Höhepunkte.

Die Gemeinsprache kennt die meisten Weinwörter von ihrer Klanggestalt her, doch ist ihr die fachsprachliche Bedeutung bei vielen ganz fremd. Dazu gehören *einfach* ›aus unvermischtem Rebsatz‹ und *charakterlos* ›aus gemischtem Rebsatz‹, wie er früher üblich war und heute nur noch selten vorkommt, *unartig* ›grün, aus unreifen Trauben‹, *blau* ›halbhell, schleierig‹, *flüssig* ›von Fremdstoffen rein‹, *zeitig* ›reif‹ oder *gebildet* ›trinkfertig‹. Andere Weinwörter haben heute eine völlig andere Bedeutung als vor gut hundert Jahren. Ein Beispiel ist *trocken*, das heute für ›durchgegoren‹ steht und früher für ›abgelebt, ohne Körper und Bukett‹ verwendet wurde. Ursprünglich bedeutete es ›süß‹ und wurde von Weinen gesagt, die aus Trockenbeeren gekeltert worden waren. An solchen Beispielen lassen sich die weinsprachlichen Sonderbedeutungen ebenso ablesen wie die Veränderungen, die die Weinsprache im Laufe der Jahrhunderte erfahren hat.

Wenn sich wie bei *trocken* die Bedeutung geändert hat, sind die Mißverständnisse zumindest unter Fachleuten ausgeräumt. Das ist nicht der Fall, wenn sich ein Wortgebrauch verändert, wie es bei *herb* zu beobachten ist. Weinsprachlich wurde das Wort eigentlich zur Bezeichnung des Gerbstoffgehalts bei Rotweinen benutzt, die in der Regel weniger Säure aufweisen als Weißweine. Dann benutzte man *herb* zur Bezeichnung eines hohen Säuregehalts, ehe die Gastronomie darunter ›durchgegoren‹ verstand. Neuerdings darf die Bezeichnung *feinherb* auf dem Weinetikett verwendet werden. Es ist nicht festgelegt, was darunter zu verstehen ist, doch hat sich eingebürgert, Weine als *feinherb* zu bezeichnen, die mehr Restsüße enthalten als *halbtrockene* Weine. Feinherbe Weißweine haben darum in der Regel einen Restzuckergehalt von 18 bis 25 Gramm pro Liter.

Wegen der sehr knappen Ausdrucksweise der Weincharakterisierung, bei der alles Unwesentliche fortgelassen wird, stellen weinsprachlich mehrdeutige Ausdrücke ein Problem dar. Wenn beispielsweise ein Wein als *fertig* bezeichnet wird, kann dies bedeuten, daß er ›reif‹ und ›gut ausgebaut‹ ist. Das ist ein positives Prädikat, wie die Wörter *ausgebaut, entwickelt* oder *trinkreif* es ganz ähnlich ausdrücken. *Fertig* kann aber auch heißen, daß der Wein ›zu alt‹ oder ›abgebaut‹ ist. Dann steht die Bezeichnung mit *abgelebt, aufgelöst* und *passé* in einer Reihe. In der Gemeinsprache werden solche Mehrdeutigkeiten in der Regel durch den Kontext oder die Situation aufgelöst. Das ist in der Weinsprache wegen der sehr viel knapperen Ausdrucksweise anders.

Bei der Fortentwicklung der Weinsprache ist gelegentlich die Tendenz zu beobachten, Bezeichnungsobjekte durch die Wahl des Ausdrucks zu adeln. Ein *Cabinet* war früher etwas ganz Besonderes, eine Schatzkammer im Weinkeller und danach auch der dort gelagerte Wein von außergewöhnlicher Güte. Seit 1971 erhalten die früheren *naturreinen* Weine das Prädikat *Kabinett.* Es handelt sich dabei um gute Erzeugnisse, aber keineswegs wie früher um Spitzenweine. Auch *Hochgewächs* war bis 1970 eine Bezeichnung, die nur für edelste Weine verwendet wurde. Heute werden bessere Qualitätsweine ohne Prädikat als Hochgewächs bezeichnet. Diese Tendenz ist auch im Gebrauch anderer Weinwörter zu beobachten.

Wenn in der Weinsprache wie bei *frisch* und *Frische* ein Wortpaar aus Adjektiv und Substantiv gebraucht wird, bezeichnet das Substantiv meist den höherwertigen Wein. Doch gibt es auch Ausnahmen von dieser Regel. Von dem Wortpaar *Süße* und *süß* wurde das Adjektiv lange Zeit nicht verwendet. Und auch heute noch ist es unter Weinkennern verpönt. Denn sein Gebrauch bedeutete bei deutschen Weinen immer eine Mißbilligung der Art, wie die Süße im Wein in Erscheinung tritt. Auch von dem Wortpaar *sauer* und *Säure* wirkt das Adjektiv negativ, das Substantiv aber nicht. Das liegt auch daran, daß das Substantiv wie bei *feine, fruchtige* oder *rassige Säure* durch positiv wertende Attribute modifiziert werden kann.

Was sich auf diese Weise im Gebrauch herausgebildet hat, wird ganz bewußt genutzt, wenn die Weinsprache weiterentwickelt wird. Dann werden analog zu den vorhandenen Weinwörtern neue aus der Gemeinsprache übernommen oder sogar gebildet, wenn sie dem Ausdrucksbedürfnis besser entsprechen. Auf diese Weise ist neben *charmant* auch *Charme* als Weinwort benutzt worden, etwa in der Formulierung *Charme und Frische*. In Ausdrücken wie *viel Kraft und Feuer* steht das Substantiv anstelle des gebräuchlicheren Adjektivs *feurig*. Wie *Jugend* statt *jugendlich* und *Kraft* statt *kräftig* ist auch *Nachhalt* statt *nachhaltig* als Weinwort in Anspruch genommen worden.

In welcher Weise man sich die weinsprachlichen Bedeutungen seit dem 19. Jahrhundert zurechtgelegt hat, zeigt eine Bemerkung aus dem Jahr 1970:

> Deutscher Wein kann unendlich vielfältig und unterschiedlich schmekken. Man kann ihn nach verschiedenen Grundbegriffen des Geschmacks prüfen. Bewährt hat sich beispielsweise folgende Wertung: nach weiblichen Tugenden: *lieblich, zart, mild, weich, füllig, feurig, mollig, rund, rassig, vornehm, elegant*; nach männlicher Art: *stahlig, nervig, kernig, kräftig, mächtig, wuchtig*; nach dem Gehalt: *leicht, schwer, voll, stoffig, schmalzig, ölig*.[93]

Mit solchen Assoziationen wird das Verständnis der Weinwörter eher vernebelt als erhellt. *Mollig* bedeutete im 19. Jahrhundert einerseits ›weich‹ und andererseits ›nicht ganz hell, mit schwebendem Gerbstoff‹. Heute bedeutet es ganz gegensätzlich entweder ›extrakt- und alkoholreich‹ oder ›extrakt- und alkoholarm‹. Wenn das Weinwort *rassig* durch weibliche Tugenden erklärt wird, ist seine weinsprachliche Bedeutung, wie sie auf Preislisten und Weinkarten zum Ausdruck kommt, ganz in den Hintergrund getreten. Denn da wird *rassig* für Weine gebraucht, die ›frisch und säurereich‹ sind. Die Weinsprache ist durch Gebrauch festgelegt, und wenn sie ihre Aufgabe erfüllen soll, muß man sie möglichst so verwenden, wie es auch sonst geschieht.

## *Zum Stil der Weinsprache*

Die Weinsprache ist nicht einheitlich, sondern weist regionale und historische Unterschiede auf. Ältere Ausdrücke wie *firn, kahmig* oder *rahn* sind heute wenig bekannt, österreichische oder schweizerische Weinwörter wie *Heuriger* oder *Sternliwein* weitgehend nur in diesen Ländern üblich. Das gilt auch für die Dialektausdrücke wie *Pand* ›Kahmhefe‹ im Moselland oder *Lackes* ›geringer Wein‹ und ›Haustrunk‹ in Rheinhessen. Manche Ausdrücke kennt nur die Weinsprache. Dazu zählen *Böcksern, Jufteln* oder *Kämmseln.*

Der Gebrauch der Weinsprache wird durch die Situation und die handelnden Personen bestimmt. Die knappsten Formulierungen finden sich bei Winzern und Weinkommissionären. Wo das Urteil über einen Wein bereits mit einer einzigen Bemerkung gefällt werden kann, ist jedes weitere Wort überflüssig. Das führt auf Preislisten und Weinkarten zu allerknappsten Beschreibungen, die oftmals mit nur einem oder zwei Wörtern auskommen. Dann lauten die Angaben:

- vollmundig, rassig.
- Bouquet, Finesse.[94]

Richtet sich die Beschreibung nicht an Kenner und Fachleute, sehen Weinbeschreibungen anders aus:

- Kraftvoll und rassig im Duft, sehr würzig und voller Harmonie im Geschmack. Ein ausgesprochen charaktervoller Ruländer.

– Sehr feinnervig mit lebendiger Edelsüße. Diese große Auslese, eine Spezialität, wird geprägt vom milden Silvaner, feinnervigen Riesling und blumigen Müller-Thurgau.[95]

Während bei den ersten Beispielen die charakteristischen Eigenschaften in den Blick genommen werden, enthalten die folgenden Beschreibungen bereits überflüssige Angaben. Daß der Silvaner *mild* und der Müller-Thurgau *blumig* ist, gehört zum Weinwissen und braucht darum normalerweise nicht vorgebracht zu werden. Noch einen Schritt weiter gehen die folgenden Charakterisierungen:

– Der Spätburgunder protzt mit marmeladiger Waldfrucht, frischen Vanilleschoten, Leder, Amarenakirsche und kandierten Früchten. Das alles ist supersaftig.

– Er ist samtig-fruchtig, ja sogar süffig, im besten Sinne des Wortes. Dabei fehlt es ihm nicht an zupackender Struktur, und er ist auch kein Blender mit Bonbonaromen. Der betont aromatische Hausstil – auch Begriffe wie wollüstig und barock drängen sich auf – kommt schon bei diesem »kleinen« Spätburgunder mit seinem intensiven Pinotduft wunderbar zur Geltung.[96]

Schließlich lösen sich die Beschreibungen fast ganz vom Gegenstand und werden durch frei assoziierte Texte ersetzt. Weil dies nicht ohne weiteres ersichtlich ist, seien die Weine genannt, auf die sich die folgenden Bemerkungen beziehen. Es sind eine 1971er Riesling Spätlese und eine 1970er Traminer Spätlese:

– Lebenskünstler ohne Bauch, heiter im Wesen, pfiffig, voll Witz.

– Feinfleischig flitzende Forelle, nackelig schnalzend im Bach.[97]

Die verschiedenen Stile der Weincharakterisierung sind an den Beispielen gut abzulesen. Während die einen Informationen vermitteln, setzen die anderen auf die Veredelung des beschriebenen Weins durch assoziative Texte. Weinsprachlich sind allerdings nur die informierenden Texte. Was hier in ganzen Beschreibungen auftritt, schleicht sich sonst nur gelegentlich in die Weinansprache ein. Dann wird eine Trockenbeerenauslese mit den lateinischen Worten *non plus ultra* ›nichts darüber‹ oder *post illud ne aliud* ›nach diesem keinen anderen‹ gefeiert. »Setzt sich der Wein hin, stehen die Wörter auf«, heißt es im Sprichwort.

Bei einer Kellerprobe mit Winzern oder Weinkommissionären wird die Weinsprache anders verwendet als bei der Präsentation eines Weins auf einer Preisliste oder Weinkarte, bei einer Weinprobe anders als im Weinführer für ein breites Publikum. Daß es so starke Unterschiede gibt, erklärt sich aus den verschiedenen Zielgruppen. Bei den Lesern von Preislisten wird eine gewisse Vertrautheit mit dem Wein unterstellt, die in der Gastronomie nicht in derselben Weise vorausgesetzt werden kann. Dafür ist mit dem Sommelier ein Weinberater zur Stelle, der den Weingeschmack charakterisieren und bei der Auswahl des Weins behilflich sein kann. Ähnliches wird auch im Weinjournalismus und mit der Weinratgeberliteratur versucht. Immer wird einem Adressatenkreis eine Vorstellung von den Eigenschaften bestimmter Weine sprachlich vermittelt.

Gelegentlich nimmt die Weinsprache den Charakter einer Standessprache an. Dann wird manchmal ein Weinchinesisch verwendet, das Käufer ansprechen und Weintrinkern den Genuß veredeln soll. Wie mit Kürzeln lautet es *Art, Nerv, Zukunft* und etwas ausführlicher *rauchiger Beerenduft, facettenreich am Gaumen, grandioser Schmelz* oder *sauberer, knackiger Nachhall.* Manche Autoren werden zu Poeten und greifen zu sprachlichen Bildern wie bei der Beschreibung einer Riesling Spätlese: *Der Reiter peitscht sein Pferd und springt mit scheinbarer Mühelosigkeit über die höchsten Hürden.*[98] Die Kommentatoren verfügen über ein reiches Repertoire an weinsprachlichen Ausdrücken, denen sie auf sehr unterhaltsame und kreative Weise immer wieder neue Bezeichnungen hinzufügen. Dabei überlagert der Wunsch nach einem klangvollen Ausdruck häufig das Streben nach Klarheit und Eindeutigkeit der Bezeichnung. Manche Sprecher benutzen diese Art des Weinwortschatzes als Jargon oder wie eine Geheimsprache, die ihrem Kenner ein überlegenes Ansehen sichern soll. Der Weinjurist Hans-Jörg Koch schätzt manche der frei erfundenen Ausdrücke als »launig und wohlklingend, aber ohne wirklichen Aussagegehalt« ein.[99] Wie die Weinsprache beschaffen ist, hat der weinkundige Schriftsteller Stefan Andres 1960 in einer »Kleinen Weinsprachlehre« so beschrieben:

Die Wörter, die den Wein, das heißt, seine Eigenschaften, ausdrücken, haben durch die methodische Anwendung der Weinkenner und -schmecker im Laufe der Zeit ihren Platz gefunden – und wenn man sie genau dort, an ihrem Sinn-Ort beläßt und so gebraucht, kann man sich von einem bestimmten Wein allein durch das Wort ein Bild machen. [...] Wer dieses Vokabular verläßt und sich eine Weinsprache zum eigenen Gebrauch schaffen zu können glaubt, wird nicht mehr verstanden – er spricht, genau besehen, sinnloses Zeug. Das bedeutet aber nicht, daß die Weinbeschreibung nicht zu den verdeutlichenden, ja dichterischen Mitteln der Sprache greifen sollte: zum Bild und Vergleich, zum Paradox und so fort. Die Weinbeschreibung darf, um das Wort möglichst nahe an die Sache heranzubringen, einfach alles, nur das eine darf sie nicht: Worte aus dem festgelegten Vokabular falsch benutzen.[100]

Wie dieses Vorhaben in die Tat umgesetzt werden kann, hat Wilhelm Hauff in seinen »Phantasien im Bremer Ratskeller« bei der Beschreibung eines 1718er Niersteiner St. Johannes gezeigt:

Gleich dunkelrotem Golde blinkt es im Glase. Als die Sonne ihn aufzog auf den Hügeln von St. Johannes, da war er blond und helle; ein Jahrhundert hat ihn gefärbt. Welche Würze des Geruches! Welche Namen leg ich dir bei, du lieblicher Duft, der aus dem Römer aufsteigt? Nehmet alle Blüten von den Bäumen, pflücket alle Blumen in den Fluren, führt Indiens Gewürz herbei, besprengt mit Ambra diese kühlen Keller, löset den Bernstein in bläuliche Wölkchen auf – mischet aus ihnen alle die feinsten Düfte, wie die Biene ihren Honig aus den Blüten saugt, wie schlecht, wie gemein, wie unwürdig gegen die zarte Blume deines Kelches, mein Bingen und Laubenheim, gegen deine Düfte, Johannes und Nierenstein von 1718![101]

Wie ein Mensch wird dieser denkwürdige Tropfen beschrieben, seine Farbe beim Verkosten und in seiner Jugend, seine Herkunft und seine gegenwärtige Erscheinung. Aroma und Bukett des gereiften Weines lassen den Dichter wie manch anderen bei ähnlich großen Weinen in Verzückung geraten. Aber Hauff steht die Sprachkraft zu Gebote, abseits der weinsprachlichen Pfade ein mächtiges Bild dieses ehrwürdigen Alten zu schaffen. Ähnlich hat es auch Stefan Andres unternommen, als er in einem literarischen Probenprotokoll »Die großen Weine Deutschlands« vorüberziehen ließ:

– Der auf Keuper gewachsene, nun zehnjährige Wein hat eine junggoldene Farbe. Er ist reich angelegt, seine Süße ist fast aufgebraucht und ganz Aroma geworden. Von fern Botrytistöne, die Säure ist noch im Spiel. Ein reicher, fast schon großer Wein.

– Ein rubinfarbener Rotwein mit feinem Duft, warm und füllig auf der Zunge. Das Spiel der hintergründigen Säure gibt dem Wein eine seltene feine Art. Der Rest unvergorenen fruchtigen Zuckers wird bei diesem hochedlen Rotwein als durchaus angenehme Mitgift empfunden.[102]

Am Ende sind wir wieder bei den Weingesprächen angekommen und sehen staunend, wie sich die Dichter der Weine annehmen und die Weinwörter wieder in die Gemeinsprache zurückholen. Karl Wolfskehl, einst Weingutsbesitzer am Kaiserstuhl, wünschte sich, daß die Leser sein »Buch vom Wein« nippen, kosten und schlürfen möchten. Und er hoffte, daß sie dabei Stellen fänden, die ihnen *süffiger* und *sänftlicher* eingehen würden als andere.[103] Zwei Weinwörter, *sanft* und *süffig*, sind hier vom Wein auf den Lesegenuß übertragen. In ähnlicher Weise hat Loriot die Weinsprache genutzt. Aber er hat das Wort nicht zurückgeholt, sondern neu geschaffen. Die Wörter *verkorkt* und *korkig* würden oft verwechselt, hat ein Weinbuchautor geklagt.[104] Loriot schmuggelte zur Freude seiner Leser und Zuschauer ins Deutsch des Weinreisenden Blühmel zwischen die Prädikate von *blumig* über *fruchtige Frische* und *vollmundig* bis zu *abgezapft und originalverkorkt* ganz beiläufig auch ein *originalverkorkst* ein.[105]

# Der Wortschatz des Weinkenners

# A

**Abbau** Entwicklung des Weins nach dem Höhepunkt der Reife auf dem Lager (im Gegensatz zu → *Ausbau*). → *abgebaut, passé, rückschreitend.*

**Abendmahlswein** Wein zur Feier des Abendmahls im evangelischen Gottesdienst, entsprechend in der katholischen Messe → *Meßwein,* auch *Speisewein.*

**abfallend** ohne nachhaltigen Geruch und Geschmack, negativ als Bewertung eines Weins unabhängig von anderen Weinen, relativ beim Vergleich mit anderen Weinen innerhalb einer Probenfolge. → *bleibt nicht haften, fällt hinten ab.*

**Abgang** Geschmackseindruck beim Schlucken (zu *abgehen* ›sich entfernen‹, jedoch im 18. Jh. *der Wein gehet gut ab* ›wird gut verkauft‹). → *Abgeschmack, Nachgeschmack, Nachhall, Schwanz.*

**abgebaut** erschöpft, *abgebauter Wein* (im 18. Jh. fachsprachl. so nur im Bergbau *die Zeche ist abgebaut*); in erster Linie von alten Weinen, deren Inhaltsstoffe zersetzt sind, aber auch von jüngeren ohne ansprechende Entwicklung, außerdem von Weinen, die ihre übermäßige Säure verloren haben. → *aufgelöst, passé, stumm, tot.*

**abgelagert** durch Lagern in den besten Reifezustand gekommen; (zu *ablagern* ›durch längeres Lagern an Güte zunehmen‹, im 19. Jh. bes. von Tabak, Bier und Wein). Auf Preislisten vorwiegend für ältere Weine mittlerer Güte. → *abgelegen, mannbar, reif.*

**abgelebt** überaltert, am Ende der Entwicklung, ohne Bukett (zu veraltetem *ableben* ›sterben‹, davon noch *das Ableben*). → *passé, stumm, tot.*

**abgelegen** im 19. Jh. für → *abgelagert* (zu *abliegen* ›zur Genüge liegen‹, im 18. Jh. *der Wein muß erst abliegen, ein abgelegenes Bier*). → *mannbar, reif.*

**abgerundet** ausgeglichen, harmonisch (zu *abrunden* ›gehörig rund machen‹, im 18. Jh. noch wörtlich gemeint). → *harmonisch, rund.*

**Abgeschmack** → *Abgang.*

**abgestanden** schal, verdorben (im 18. Jh. *abstehen* ›verderben, bes. von Flüssigkeiten‹, *der Wein ist abgestanden*), von Wein im Glas, in entkorkter Flasche sowie bei Fässern im Anbruch. → *fad, schal.*

**Ablagerung** Reifung des Weins durch Lagerung bis zum Entwicklungshöhepunkt (zu *ablagern* wie im 19. Jh. von Waren, Tabak, Bier, Wein ›durch längeres Lagern an Güte zunehmen‹). → *abgelagert, abgelegen, mannbar, reif.*

**Adel** von edlem Geruch und Geschmack (übertr. von *Adel* wie im 18. Jh. ›erhabene Eigenschaften des Geistes, der Seele‹), auch **adelig**. In der Weinansprache zur Bezeichnung großer Weine gebraucht, vorwiegend Beerenauslesen. → *edel, groß, hochfein, hochedel, nobel, vornehm.*

**adstringierend** zusammenziehend (von lat. *adstringere*, in der Apothekersprache *Adstringens* ›zusammenziehendes Arzneimittel‹); Geschmacksempfindung aufgrund hohen Gerbstoffgehalts. Kann bei jungen Rotweinen Qualitätsmerkmal sein; Fehler bei Weinen mit → *Rappen-* oder *Trestergeschmack.* Ähnlich → *herb, ziehend.*

**Alkoholgeschmack**, aufgrund zu hohen Alkoholgehalts bei häufig zu niedrigem Extraktgehalt unangenehm vorschmeckender Alkohol. → *brandig, schnapsig, spritig.* **Alkoholschwanz** Nachgeschmack nach Alkohol, nicht bei säurereichen Weinen. → *Schwanz.*

**alt** durch Verlust harmonisierender Inhaltsstoffe und Kohlensäure über den Höhepunkt der Reifung hinaus entwickelt. Rotweine werden aufgrund der Abnahme des Gerbstoffgehalts → *zarter*, bei Weißweinen hängt die Alterung auch vom Extraktgehalt und der Restsüße ab. Im Gegensatz zu heute war alter Wein früher geschätzt. **Altersfirne, Altersgeschmack** → *Firngeschmack.* **Altgeschmack** bei jungen Weinen aufgrund von Behandlungsfehlern, ist für Geruch und Geschmack nachteilig. **Altel** Altersgeruch und -geschmack, österreichisch für → *Firne*; Juchtengeschmack alter, abgelagerter Frankenweine, → *Jufteln.* **altgold** dunkler Farbton bei Weißweinen infolge leichter Trübung, gehört zu großen alten edelsüßen Weißweinen, auch → *Goldton.* **Altwein** Wein des Vorjahrs, österreichisch. Gegensatz → *Heuriger.*

**angenehm** gefällig, von → *süffigen, harmonischen* Weinen. Häufig auf Preislisten und Weinkarten. → *gefällt, gefällig.*

**anhaltend** mit gutem Abgeschmack, nicht bei → *kleinen* oder → *firnen* Weinen. → *Abgang, nachhaltig, Schwanz.*

**animierend** → *anregend, frisch, lebendig, munter.*

**anregend** frisch, süffig, von jüngerem, harmonischem Wein mit Kohlensäure, aber wenig Alkohol, Extrakt und Süße. Selten gebraucht. → *animierend, lebhaft, rezent.*

**ansprechend** anregend, gefällig. Für kleine und mittlere Weine häufig auf Preislisten und Weinkarten.

**Apfelgeschmack**, bei leichten, säurebetonten Weißweinen mit deutlichem Gehalt an Äpfelsäure.

**Apothekengeschmack** unerwünschter Geruch und Geschmack nach Chemikalien, von Behandlungsfehlern verursacht. → *Medizingeschmack, Terpentingeschmack.*

**arm** extraktarm, ausdruckslos, dünn, ohne qualitätsbestimmende Inhaltsstoffe; von sehr kleinen Weinen, denen es an allem fehlt. → *Konsumwein.*

**Aroma** Gesamtheit der im Wein gelösten Aromastoffe (gemeinsprachl. ›Duft, Würzduft, Wohlgeruch aufgrund ätherischer Öle, Gewürzstoff der Pflanzen‹ von griech. *árōma* ›Würze‹); wird im Gegensatz zum → *Duft* vorwiegend über die Zunge wahrgenommen; im engeren Sinne bes. zur Bezeichnung des Buketts bei Beerenauslesen. Sorgt zusammen mit dem Geschmack für den → *Charakter.* Gesamtheit der Düfte → *Bukett.* **aromatisch** mit würzigem Bukett, meist sortenbedingt wie bei Gewürztraminer. In der Weinsprache verbreitet, *aromatisch* wird jedoch deutlich häufiger gebraucht als *Aroma.* **aromatischer Wein**, im 19. Jh. für → *Bukettwein*, dessen Bukett rebsortenbedingt ist. **aromatisiert** mit künstlichen Bukettstoffen, → *Würzwein.*

**Art** Gesamtheit der Eigenschaften in Geruch und Geschmack (wie gemeinsprachl. ›natürliche Beschaffenheit‹, im Gegensatz zu *Unart*); in Formulierungen wie *hat Art, viel Art*, auch mit zahlreichen Attributen wie *feine Art* oder in komplexen Ausdrücken wie *Art und Würze.* Als Grundwort in vielen Zusammensetzungen wie *Moselart, Rieslingart, Spätleseart.* Steigerung → *Charakter.* Für fehlerlose Weine, die ihrer Rebsorte und ihrem Weintyp entsprechen, auf Preislisten und Weinkarten sehr häufig, allerdings in verschiedenen Funktionen: als wertendes Weinwort und als Bezugswort für den charakterisierenden Ausdruck wie bei *fruchtige Art.* **artfremd** nicht der Art der Rebsorte entsprechend, so bei Nebengeschmack. **artig** weinsprachl. unterschiedlich verstandene Bezeichnung, vor allem ›der Art der Rebsorte entsprechend und sie im Wein zeigend‹ (zu gemeinsprachl. *artig* im 18. Jh. ›eine Art habend, die natürliche oder zufällige Beschaffenheit einer Sache anzeigend‹, dann auch ›eine gute Art zeigend, angenehm‹), dementsprechend beim Wein ›lieblich, gefällig‹, ›mild, zart, mit wenig Farbe, alkohol- und extraktarm, harmonisch‹ oder ›bukettreich‹; die Eigenschaft wird meist kleinen Weinen ohne besondere Qualitäten zugesprochen, daneben aber auch Weinen mittlerer Güte und vereinzelt sogar guten Weinen. **artvoll** artig, selten gebraucht.

**Asbestgeschmack** unangenehmer, muffiger Beigeschmack, verursacht von falsch gelagerten Filtern; nicht mehr seit 1995. → *Filtergeschmack.*

**aufbrausend** → *moussierend*, im 19. Jh.

**aufdringlich** mit unangenehm stark hervortretenden Eigenschaften, unharmonisch, kann das Bukett spezieller Rebsorten wie Gewürztraminer oder als *aufdringliche Süße* ein Übermaß an Restsüße bei kleinen Weinen betreffen.

**aufgelöst** zerstört, zersetzt aufgrund schlechter Behandlung oder Alter (zu *aufgelöst werden*, im 18. Jh. edler Ausdruck für ›sterben‹), weinsprachl. im 19. Jh. → *abgebaut, passé, stumm, tot, zersetzt.*

**Ausbau** Entwicklung vom Most bis zum flaschenfertigen Wein sowie deren kellertechnische Unterstützung (übertr. von *ausbauen* ›ein Gebäude im Inneren fertigstellen‹), im engeren Sinne Behandlung des Weins nach der Gärung bis zur Abfüllung. Hochwertige Weine bauen sich auf der Flasche weiter aus. → *Abbau, Ablagerung, ausgebaut, Reife.*

**Ausbruch** Wein aus Lesegut, das auf Auslesetischen durch Ausbrechen von eingeschrumpften Beeren ausgesondert wurde; in Österreich und Ungarn gebräuchlich (im 18. Jh. von oberungarischen Weinen ›Wein, der aus ausgebrochen ausgelesenen Beeren von selbst auströpfelt‹). → *Auslese, Essenz, Trockenbeerenauslese.*

**Ausdruck** ausgeprägte Art, weiniger Charakter, auch bezogen auf Rebsorte, Weinlage oder Jahrgang. → *Charakter.* **ausdruckslos**, von kleinen, nichtssagenden Weinen oder von guten, zu kalt servierten Weinen, die Geruch und Geschmack nicht zeigen. → *flach.* **ausdrucksvoll** von ausgeprägten Eigenschaften, weinsprachl. verbreitet.

**ausgebaut** aufgrund des → *Ausbaus* fertig entwickelt. Es werden unterschieden: *gut ausgebaut* ›sortentypisch und harmonisch entwickelt‹; *reduktiv ausgebaut* ›unter Fernhaltung von Luft im Faß entwickelt und mit etwas erhaltener Kohlensäure früh auf Flaschen gefüllt‹, wird bei Rebsorten wie Riesling angestrebt; *oxydativ ausgebaut* ›durch längere Faßlagerung gereift‹, bei Rotweinen und Weißweinen aus der Burgunderrebe. Bes. auf Weinkarten verwendet. → *entwikkelt, fertig, flaschenreif.*

**ausgebildet** in der Gärung vollendet, im 19. Jh.

**ausgeglichen** von harmonischem Verhältnis der Inhaltsstoffe; wird weinsprachl. auf ein ausgewogenes Verhältnis von Alkohol und Extrakt bezogen, aber auch auf den Gehalt an Kohlensäure im Wein. Auf Preislisten und Weinkarten verbreitet. → *harmonisch.* **Ausgeglichenheit** → *Harmonie.*

**ausgegoren** völlig vergoren (zu *ausgären* ›zu Ende gären, durch Gären fertig werden‹), so bis zum 19. Jh., heute → *durchgegoren, trocken.*

**ausgelesen** aufgrund einer Auslese aus den besten Trauben gewonnen, → *Auslese.*

**ausgeprägt** markant, in der Weinsprache auch zur Steigerung wie bei *ausgeprägte Rieslingart.*

**ausgereift**, positiv für ältere Weine.

**ausgewogen** harmonisch, wenig gebraucht.

**ausgezogen** durch unsachgemäße Behandlung seiner Weineigenschaften entkleidet (zu gemeinsprachl. übertr. *ausziehen* ›ausplündern‹). → *nackt, nichts mehr dran.*

**Auslese** 1. Leseverfahren, bei dem unreife oder faule Trauben aus dem Lesegut entfernt werden, 2. Wein aus Trauben, die von Hand ausgelesen wurden, bes. hochwertig, 3. seit 1971 weingesetzl. Begriff: Wein der Güteklasse »Qualitätswein mit Prädikat Auslese«; wird aufgrund amtlicher Qualitätsprüfung für Wein aus vollreifen und edelfaulen Trauben mit festgelegtem Mindestmostgewicht vergeben (zu *auslesen* im 18. Jh. ›durch Auslesung des Untauglichen reinigen‹). → *Prädikatswein.* **Ausleseart** typische → *Art* einer Auslese, oft mit → *Beerenton.* **Auslesebukett** → *Bukett.* **Auslesecharakter** typischer Ausdruck eines durch Auslese gewonnenen Weins mit charakteristischer Konzentration der Inhaltsstoffe, meist mit feiner → *Restsüße* verbunden.

**Ausschankwein** süffiger, kleiner Wein; wird in Gaststätten glasweise verkauft. → *Pokalwein, Schoppenwein.*

# B

**bakterienkrank** durch Befall von Bakterien nachteilig verändert. **bakterienscharf, Bakterienschärfe** mit zuviel Kohlensäure aufgrund von Bakterienbefall. → *Gärschärfe, Kohlensäureschärfe, Schärfe.*

**Barriquewein** Wein, der im Barrique ausgebaut wurde (zu frz. *barrique* ›Stückfaß‹); heute Eichenholzfaß mit 225 Litern Inhalt. Der Ausbau im Barriquefaß dient der Veredelung großer Weiß- und bes. Rotweine. → *Holzton.*

**bauernhell** nicht ganz klar, ganz leicht getrübt (→ *Bauernwein*), nicht geschönter Wein, der sich durch Absetzen der Trubstoffe auf dem Faß von selbst geklärt hat, dadurch aber nicht → *blank* geworden ist. Heute als Bezeichnung der Klarheit nicht ganz blanker Weine.

**Bauernwein** von Winzern erzeugte Weine; aufgrund des Könnens und gemäß den Ansprüchen von Weinbauern, leicht abwertend für kleine Weine ohne → *Eleganz* und *Finesse.* → *Winzerwein.*

**Beerenaroma** typisches Aroma edelfauler Beeren, auch **Beerenart**, → *Aroma, Art, Beerenton.*

**Beerenauslese** 1. Leseverfahren, bei dem überreife und edelfaule Trauben gesondert gelesen werden, 2. Wein aus überreifen und edelfaulen Trauben, die durch das Leseverfahren ausgesucht wurden, von sehr hoher Qualität, 3. seit 1971 weingesetzl. Begriff: Wein der Güteklasse »Qualitätswein mit Prädikat Beerenauslese«; das Prädikat wird aufgrund amtlicher Qualitätsprüfung für Wein aus vollreifen und edelfaulen Trauben mit festgelegtem Mindestmostgewicht vergeben, qualitativ höherwertig als → *Auslese.* → *Prädikatswein.* **Beerenauslesecharakter** typischer Ausdruck eines durch Beerenauslese gewonnenen Weins, charakteristisch ist die durch → *Edelreife* und *Edelfäule* entstandene Geruchs- und Geschmacksfülle, → *Botrytis.* Auf Preislisten und Weinkarten für große Auslesen, Beeren- und Trockenbeerenauslesen neben **Beerengeschmack** und **Beerensüße** am häufigsten **Beerenton.**

**Beerwein** 1. Vorlauf, der beim Keltern zuerst ablaufende Most; 2. im 19. Jh. Wein aus abgebeerten Trauben. → *Beerenauslese, Mostwein.*

**bekömmlich**, kein eigentliches Weinwort, dennoch weinsprachl. auf Preislisten und Weinkarten durch Gebrauch festgelegt; für kleine bis mittlere Weine, die → *leicht, angenehm* oder *süffig* sind. Ähnlich → *nett.*

**Benzingeschmack** widerlicher Beigeschmack nach Benzin; Fehler in Geruch und Geschmack, der durch zufällige Berührung des Traubenguts oder Weins mit Maschinen oder Treibstoffen verursacht wird; der Wein wird ungenießbar und unverwertbar. → *Petroleumgeschmack.*

**Bergwein** Wein, der an Berghängen wächst, von höherer Qualität als der → *Bodenwein, Talwein.*

**bernsteinfarben, bernsteingelb** Weißweinfarbe zwischen *goldgelb* und *hochfarbig,* von edlen Weißweinen. → *sherryfarben, topasfarben.*

**bestechend** 1. mit Hervortreten einzelner Geruchs- oder Geschmacksstoffe, 2. von bes. schönem Charakter. Auf Preislisten und Weinkarten verbreitet.

**bissig** von zu stark hervortretender Säure (zu *beißen*); negativ. → *grasig, kratzend, spitz.*

**bitter**, wie gemeinsprachlich *bitter* (zu mhd. *bitter*, sprachverwandt mit *beißen*, daher ursprüngl. ›beißend‹); im Übermaß ist bitterer Geschmack ein Fehler, der verschiedene Ursachen haben kann; bes. bei Rotweinen, kann auch bei Weißweinen auftreten. **bitterherb** mit Kamm- oder Hülsengeschmack; → *grasherb, herb, kammherb.* **bitterlich** gerbstoffreich, aufgrund zu starker Auslaugung der Hülsen, Kerne und Stiele der Trauben. → *adstringierend, zusammenziehend.*

**Bittermandelgeruch** Blausäuregeruch, bei Weißweinen als Folge unsachgemäßer Schönung negativ. **Bittermandelgeschmack**, bei guten, extraktreichen, reifen Rotweinen und Pfälzer Auslesen positiv. → *mandelbitter.* **Bittersein**, **Bitterwerden** Bakterienerkrankung, die bitteren Geschmack zur Folge hat; betrifft vor allem Rotweine, frühreifende Weißweine und Roséweine aus faulen Trauben, führt schlimmstenfalls zur Ungenießbarkeit.

**bitzelnd** Kohlensäure entwickelnd (zu *bitzeln* ›prickeln‹, Verkleinerungsform zu *beißen*), im 19. Jh. und mundartl. **Bitzler** gärender Most, bereits Kohlensäure enthaltend. → *Brauser, Sauser, Sturm, Vitzler.*

**blank** von geringer, kaum merklicher Trübung (zu mhd. *blanc*, nhd. *blank* ›glänzend, rein, geputzt, weiß‹; im 18. Jh. *blanker Wein* ›weißer Wein‹); bezeichnet die normale Klarheit des Weins, die durch Filtration erreicht wird.

**blaß** 1. schwach, 2. hell, 3. Weißweinfarbe zwischen *wässerig* und *hellfarbig* (zu mhd. *blas* ›weißstirnig, kahl, schwach‹, später ›bleich‹); wird einerseits für sehr kleine, ausdruckslose oder überschwefelte Weine gebraucht, andererseits für wässerige helle Weißweine und für sehr hell gekelterte → *Roséweine.* **blaßfarbig** heller Farbton bei Rotweinen; bei Roséwein aufgrund der Kelterung ohne Maischegärung, bei überreifem Spätburgunder aufgrund des Befalls mit dem Botrytispilz. **blaßrot** blasser als *hellrot.* → *Roséwein, Schillerwein, Weißherbst.*

**blau** im 19. Jh. halbhell, schleierig; *blauer Wein* im 18. Jh. trüber Wein. → *Blauwerden.* **blaugeschönt** durch Zugabe und nachfolgende vollständige Ausfällung eines Blauschönungsmittels geklärter Wein. Wenn die Dosierung zu hoch ist und das Schönungsmittel nicht vollständig wieder ausgeschieden wird, spricht man von *blau überschönten* Weinen. Derartige Erzeugnisse sind verdorben. **bläulich** ganz leicht getrübt. **blaurot** Farbton edler Rotweine zwischen *gedecktrot* und *schwarzrot.* **Blauwerden** bläulich-weiße, schleierartige Trübung, verursacht durch Eisenphosphat, kann durch Zugabe eines Blauschönungsmittels mit nachfolgender vollständiger Ausfällung beseitigt werden. → *bläulich, geschönt, überschönt.*

**bleibt nicht haften** ohne nachhaltigen Geruch und Geschmack (gemeinsprachl. *haften bleiben* ›im Gedächtnis bleiben‹), negativ. → *abfallend, fällt hinten ab, kurz.*

**Bleicher** bleich- oder hellroter Wein, im 18. Jh. (zu *bleich* wie bei *bleichrot* ›schwach gefärbt‹). **Bleichert, Bleichart** Roséwein, an der Ahr gebräuchlich, schon im 18. Jh. im Rheinischen; daneben für Roten Elbling, Weißwein von blaßroter Farbe, mundartl. in der Trierer Gegend. Zu Beginn des 20. Jh.s wird hellroter → *Schillerwein* von blaßrotem *Bleichart* unterschieden.

**bleifarbig** trüb grauweiß, Farbton bei Weißweinen.

**blind** getrübt; durch Nachgärung oder Behandlungsfehler verursacht. → *schleierig, trüb.*

**blitzblank** kristallklar (zu *blitz-* wie in *blitzblau* ›glänzend‹); höchste Stufe der Klarheit. → *Schwarzglanz.*

**Blume** Geruch, im 19. Jh. der Duft, das → *Bouquet* feiner Weine. Im Gegensatz zu → *Bukett* bezeichnet *Blume* bes. den Geruch der flüchtigen Duftstoffe, wie er durch die Nase wahrgenommen wird. Heute bedeutet *Blume* vor allem 1. starker Duft, 2. charakteristischer Duft der Rebsorte. Ohne ergänzendes Eigenschaftswort ist *Blume* positiv, ebenso *feine* oder *edle Blume.* Eine *aufdringliche* oder *unangenehme Blume* ist negativ. Die Blume soll fein, reintönig und charakteristisch sein. Weinsprachl. häufig, meist in Verbindung mit → *Frucht, Würze, Reife.* **blumig** die Blume des Weins zeigend, bereits im 19. Jh., positiv, heute verschieden gebraucht, bes. 1. zart duftend, 2. nach Blumen duftend, 3. nach Weintrauben duftend. Weinsprachl. häufig, oft zusammen mit *elegant, würzig, fruchtig.*

**Böckser** bockähnlicher Geruch und Geschmack (zu *bocksen, bockseln* ›nach dem Bock stinken‹, im 18. Jh.); kommt vor allem bei Jungweinen vor als → *Hefeböckser* aufgrund von Hefezersetzung, als → *Schwefelböckser* aufgrund von Überschwefelung und als → *Mistböckser* aufgrund falscher organischer Düngung im Weinberg. **böcksern** nach faulen Eiern riechen und schmecken, vom eigenartigen Geschmack und Geruch junger Weine. **Böcksergeschmack**, im 19. Jh. auch **böckserig** mit Böckser behaftet. **böckst**, *der Wein böckst* schmeckt nach Dünger, rheinisch.

**Bodengeschmack** Geschmack nach Boden; als geschmacklicher Ausdruck des Bodens einer Weinlage teilweise positiv bewertet, als Beigeschmack aufgrund von Verunreinigung des Leseguts mit Boden dagegen negativ. → *Erdgeschmack, erdig, Lagenton.* **Bodenton** typischer Geschmack nach dem Boden einer Weinbergslage oder Gemarkung; bei bestimmten Weinen sehr geschätzt, beispielsweise der → *Schieferton* bei Moselriesling. Bei Sektgrundweinen ist ein Bodenton nicht erwünscht. → *Bodengeschmack, erdig, Lagenton.* **Bodenwein** Wein, der in flachen Lagen wächst, von geringerer Qualität als der → *Bergwein, Leitenwein.* Ähnlich → *Talwein.*

**Botrytis** charakteristischer Geruch und Geschmack von Weinen aus edelfaulen Beeren (*Botrytis cinerea* ›Edelfäulepilz der Weintrauben‹ zu griech. *bótrys* ›Traube‹); der Pilz perforiert die Beerenhäute und verursacht dadurch eine Konzentration der Inhaltsstoffe. Botrytisweine sind hochedle Raritäten. → *Edelfäule, Edelfäuleton.* Auf Preislisten und Weinkarten für große Auslesen und Beerenauslesen. Auch in Zusammensetzungen wie **Botrytisbukett**, **Botrytisgeschmack** und **Botrytisnase**, → *Jodoformgeschmack.* Am häufigsten **Botrytiston**, → *Edelfäuleton.*

**Bouquet**, weinsprachl. bis ins 19. Jh. neben → *Bukett* gebraucht (von frz. *bouquet* ›Blumenstrauß‹), heute bes. auf Weinkarten der Gastronomie für hoch- und höchstwertige Weine. **bouquetlos** ohne Bukett, im 19. Jh., heute ungebräuchlich. **bouquetreich**, im 19. Jh., heute bes. auf Weinkarten für mittlere bis gute Weine. **Bouquetwein** im 19. Jh. Wein mit Bouquet aus Gärung und Lagerung. Heutige → *Bukettweine*, deren Bukett rebsortenbedingt ist, wurden damals als → *aromatische Weine* bezeichnet.

**Bowlenwein** süffiger, kleiner Wein für Bowle; wird mit Kräutern und Früchten aromatisiert. → *Würzwein.*

**Brandeln** Geschmack nach Weinbrand oder Karamel (zu *brandeln* ›nach Brand riechen‹). → *brandig, schnapsig, spritig, stark.*

**brandig** zu alkoholreich, nach Alkohol vorschmeckend (zu *Brandwein, Branntwein*); bes. bei Weinen mit niedrigem Extraktgehalt und wenig Säure, häufig bei kleinen Weinen aus trockenen Jahren, wirkt unharmonisch. → *Brandeln, schnapsig, spritig, stark.*

**Bratenwein** hochwertiger Wein, als Begleiter zu Braten geeignet, im 19. Jh. Für dunkle, kräftige Rotweine auf Preislisten noch gebraucht.

**braun** 1. Weißweinfarbe zwischen *hochfarbig* und *mißfarben*; 2. Rotweinfarbe dunkler als *braunrot*. Zeichen für zu hohes Alter, außer bei bestimmten Südweinen. Fehlerhafte Weine wirken farblich matt, gut gealterte Weine dagegen eher glänzend. → *rahn*. **brauner Bruch** bräunliche oder rötliche Verfärbung durch Oxydation. **bräunlich rot, braunrot** Rotweinfarbe zwischen *schwarzrot* und *braun*, Zeichen der Reife. **Braunsein, Braunwerden** → *Rahnsein, Rahnwerden*.

**Brauser** gärender Most, bereits Kohlensäure enthaltend (zu *brausen* ›gären‹, mit Erklärung im 18. Jh.: »weil dasselbe mit einer Art von Brausen verbunden ist«, *brausender Most*); vorher *Vitzler*, nachher *Federweißer*. Ähnlich → *Bremser, Rauscher, Sauser, Sturm*. **Brausewein** im 19. Jh. durch das Alter sauer gewordener Wein, im 20. Jh. gärender Most.

**breit** alkoholreich, säure- und kohlensäurearm; von Weinen, die sich auf der Zunge und beim Schlucken breitmachen, die Geschmacksstoffe nicht harmonisch verbinden, sondern ausbreiten; kommt bei säurearmen Rebsorten und überreifen Weinen vor. → *pappig, plump*.

**Bremser** Most in der stürmischen Gärung (zu *bremsen* ›brummen‹ von *Bremse*, einem fliegenden Insekt). → *Brauser, Rauscher, Sauser, Sturm*.

**brennserig** zu alkoholreich, nach Alkohol vorschmeckend (zu mundartl. *brennseln* ›nach dem Brand riechen oder schmecken‹), im 19. Jh. → *brandig, schnapsig, spritig, stark*. **Brennsern** im 19. Jh. für Geschmack und Geruch nach gedörrtem Obst, nur bei besseren Weinen.

**Brombeergeschmack** Fruchtgeschmack nach reifen Brombeeren, bes. bei sehr gut ausgebauten und gepflegten älteren Rotweinen aus vollreifen Burgundertrauben, sehr geschätzt. → *Erdbeergeschmack*.

**Brotgeschmack** an Brotrinde erinnernder Geruch und Geschmack, bei Südweinen als → *Sherry-* oder *Spaniolgeschmack* geschätzt, bei deutschen Weinen meist nicht gern gesehen. → *Firngeschmack, Luftgeschmack, Rahngeschmack.* **brotig**, *brotige Firne*, auf Weinkarten selten.

**Bruch** Trübung (zu *brechen* ›den lebhaften Glanz verlieren‹), im 18. Jh. *der Wein bricht sich* ›wird trüb‹; aber *den Wein brechen* ›ihn durch Zusatz von Wasser schwächen‹. → *brauner, grauer, schwarzer, weißer Bruch.*

**Bukett** im weiteren Sinn Gesamtheit der durch Nase und Zunge wahrnehmbaren flüchtigen und gelösten Duft- und Aromastoffe, im engeren Sinn Gesamtheit der Duftstoffe, eingeschränkt ›besonders reiche Blume‹ (zu frz. *bouquet* ›Blumenstrauß‹, im 17. Jh. ins Deutsche entlehnt, bereits zu Anfang des 18. Jh.s *Bucket* ausgesprochen). Wird in der Weinsprache im Zusammenhang der Ausdrücke → *Aroma, Blume, Bouquet, Duft* und *Geruch* verwendet, deren weinsprachl. Bedeutung teilweise ähnlich, teilweise anders verstanden wird. Es werden unterschieden: als Primärbukette das → *Traubenbukett* und *Sortenbukett*, als Sekundärbukette das → *Gärbukett, Lagerbukett* und *Firnbukett.* Eine Besonderheit sind das → *Botrytisbukett* und das *Sherrybukett.* Im Gegensatz zum Adjektiv *bukettreich* wird *Bukett* auf Preislisten und Weinkarten nicht nur für Bukettweine, sondern allgemein für gute bis exzellente Weine häufig gebraucht, dabei oft durch Attribute ergänzt, am häufigsten durch *fein.* **bukettiert** mit zu starkem, einseitigem Bukett; Steigerung → *parfümiert,* negativ → *aufdringlich, fremdartig.* **bukettreich** mit besonderem, intensivem und harmonischem Bukett; typisch für sogenannte Bukettsorten wie Gewürztraminer und Muskateller. In der Weinansprache deutlich seltener als *Bukett* gebraucht, auch nur für mittlere Qualitäten. **bukettreif**, **Bukettreife**, optimaler Zustand, Bewahrung des → *Reifebuketts* über längere Zeit durch rechtzeitige Flaschenfüllung; geht aufgrund von Oxydation mit der Zeit in → *Reifefirne* über. **Bukettverlust**, verursacht durch Oxydation an der Luft (beispielsweise in nicht spundvollen Fässern) oder durch → *Kahmigwerden.* → *abgestanden, schal.* **Bukettwein** Wein mit bes. starkem sorteneigenen Bukett; von Weinen aus Rebsorten wie Gewürztraminer und Muskateller.

**Buttersäurestich**, Krankheit aufgrund von Buttersäurebakterien, bes. bei Rotweinen, aber auch bei Weißweinen.

# C

**Cabinet** → *Kabinett.*

**Charakter** Gesamtheit der Weineigenschaften in Geruch und Geschmack (wie gemeinsprachl. ›Merkmal, Kennzeichen, Eigenart‹), *hat Charakter* Steigerung zu → *Art.* Für Weine mit deutlich hervortretenden Eigenschaften gebraucht. Auf Preislisten und Weinkarten dennoch selten. **charakterlos** aus gemischtem Rebsatz ohne Wahl, im 19. Jh. für Weine aus mehreren Rebsorten, wie sie im gemischten Satz nebeneinander im Weinberg stehen; heute nur noch vereinzelt. Weine aus nur einer Rebsorte wurden damals als → *einfach* bezeichnet. **Charakterlosigkeit**, von der Mischung verschiedenartigster Weintrauben bei Lese und Kelterung herrührend, im 19. Jh. als Weinfehler angesehen. **charaktervoll** gut entwickelt, in Geruch und Geschmack harmonisch, von mittleren bis guten Weinen mit gutem Charakter, → *kernig.* Auf Preislisten und Weinkarten häufiger als *Charakter.*

**Consumtionswein** → *Konsumwein.*

**Creszenz** → *Kreszenz.*

# D

**Damenwein** milder, süffiger Wein (im Gegensatz zu → *Herrenwein*), alkohol- und säurearm, harmonisch, als Weißwein → *blumig* und mit feiner *Restsüße*, als Rotwein → *zart* und *samtig*. Auf Preislisten und Weinkarten dennoch äußerst selten gebraucht, gilt als abwertend. Gegensatz → *Dreimännerwein, Männerwein.*

**Deckengeschmack** unangenehmer Geruch und Geschmack nach Kahmhefen; bei *kahmigen* Weinen von den Kahmhefen verursacht, die den Wein bedecken. → *Kahmgeschmack.*

**Deckwein** farbstoffreicher Rotwein (zu *decken* ›nicht sehen, durchscheinen lassen‹, → *gedeckt*); Deckwein wird zum Verschnitt mit farbstoffärmeren Weinen benutzt. → *Farbwein.*

**delikat** köstlich (zu Anfang des 17. Jh.s aus frz. *délicat* ›fein, zart‹ entlehnt, dann von Speisen ›lecker‹), im 19. Jh. weinsprachl. ›dem Gaumen genehm‹, mehr als *mundend*; heute kein Fachwort der Weinsprache, auf Preislisten und Weinkarten aber dennoch wertend für gute bis sehr gute Weine gebraucht.

**Depot** Ablagerung fester Stoffe in der Flasche, Bodensatz; für alle festen Stoffe, die sich nach der Gärung ablagern, in der Flasche bes. für Depots aus Weinstein und bei Rotweinen aus Farbstoffen.

**Dessertwein** süßer Wein, im 19. Jh. noch als Wein zum Nachtisch verstanden. Als Dessertwein wurden entweder feine süße oder ausgesucht starke Weine genommen. → *Bratenwein, Fischwein.*

**dezent** unaufdringlich (im 18. Jh. aus frz. *décent* entlehnt); kein Fachwort der Weinsprache, jedoch auf Preislisten und Weinkarten bei guten Weinen zur Modifikation verwendet, am häufigsten bei *dezente Süße* und *dezente Reife*. Auch in Zusammensetzungen wie **dezentreif** und **dezentwürzig**.

**Diabetikerwein** für Diabetiker geeigneter Wein; durchgegorener, leichter Wein mit streng begrenztem Restzucker- und Alkoholgehalt. → *Krankenwein*.

**dick** körperreich, meist mit zuviel Restsüße, im 19. Jh. ›von markigen Trauben‹. Als *dick* werden Weine bezeichnet, die sich neben dem hohen Extraktgehalt auch säurearm, alkoholreich, schwerflüssig oder unharmonisch präsentieren. Im 19. Jh. wird *dick* auch für den Flüssigkeitsgrad bakteriell erkrankter, zähflüssiger Weine gebraucht. → *fett, pappig, plump, voll, zäh*. Trotz dieser Eigenschaften auf Preislisten positiv anstelle von *füllig*. **Dicke** Extrakt, **Dickerwerden** Schwerflüssigkeit alter Weine, im 19. Jh. → *Körper*.

**doppelgrün** geringer Wein von weichen Trauben und grüner Färbung, im 19. Jh. positiv. → *grün*.

**Dreimännerwein** sehr saurer Wein (einer hält ihn, einer schüttet ihn hinein, einer muß ihn trinken); sprachlich an *Traminerwein* ›Wein aus der Traminertraube‹ anklingend, schon im 19. Jh. gebraucht. → *Herrenwein, Männerwein*.

**Dropsgeschmack** unangenehm in sauer und süß auseinanderfallender Geschmack nach Zuckerbonbons, negativ. → *sauersüß*.

**Drusenwein** im 19. Jh. Nachwein (zu mhd. *druosene, drusene* ›Bodensatz, Hefe‹, mundartl. im 18. und 19. Jh. *Drusen* ›Hefen‹ und ›Überrest ausgekelterter Weintrauben‹). → *Lauer, Tresterwein*.

**Duft** Geruch des Weins (im 18. Jh. *Duft* ›zarte Ausdünstung, bes. wohlriechender Körper‹); bedeutet weinsprachl. 1. zarter, feiner, reifer Geruch, 2. angenehmer, an andere Stoffe wie Muskat oder Vanille erinnernder Geruch. Häufiger auf Preislisten als Weinkarten, für höhere Qualitäten als *duftig* und oft durch *fein* attribuiert. → *Blume, Bukett, Geruch.* **duftend** Düfte verströmend, die an andere Stoffe erinnern. **duftig** weinsprachl. 1. mit feinem, zartem Bukett, 2. angenehme Düfte anderer Stoffe verströmend. Auf Preislisten und Weinkarten häufig, bevorzugt bei *eleganten, fruchtigen* und *würzigen* Weinen. Steigerung → *blumig.* **duftlos** ohne Geruch, typisch für Rebsorten wie Elbling. → *flüchtig.*

**dumpf** unsauber in Geruch und Geschmack (zu *dumpf,* im 18. Jh. ›Feuchtigkeit durch Geruch verratend‹); aufgrund von Behandlungsfehlern hervorgerufener Mangel, von unsauberen Gebinden, Schimmel, schlechter Luft im Keller. → *Faßgeschmack, muffig, Schimmelgeschmack.*

**dünn** mit zu wenig Körper, Alkohol und Säure; von Weinen aus leichten, mit Nährstoffen schlecht versorgten Böden oder von unreifen Weinen aus schlechten Jahren, auch von → *getauften* oder *überstreckten* Weinen; negativ. Ähnlich auch → *leer.* **dünnflüssig** aus weichen Trauben, im 19. Jh.

**durcheinander** die Weineigenschaften nicht zeigend, nicht probierfähig; von Weinen, die nach Behandlung oder Transport gestört sind und deswegen → *Art* und *Charakter* vorübergehend nicht zum Ausdruck bringen. Ähnlich → *gestört, probiert sich nicht, verschlagen, zerschlagen.*

**durchgegoren** vollständig vergoren; als *durchgegoren* werden Weine bezeichnet, die keinen geschmacklich wahrnehmbaren unvergorenen Zuckerrest enthalten. → *ausgegoren, trocken.*

**durchsoffen** durch zu häufige Entnahme von Proben und Wiederauffüllung mit geringerem Füllwein minderwertig geworden (zu *durchsaufen* ›durchprobieren‹); betrifft hochwertige Weine, die durch zu häufiges Probieren aus dem Faß gestört wurden und sich deshalb nicht mehr optimal präsentieren. → *ausdrucklos.*

# E

**echt** 1. für Rebsorte, Boden, Lage und Jahrgang typisch; 2. rein, reintönig; 3. durch kellertechnische Behandlung nicht verfeinert, einfach, herzhaft; 4. trocken, mit geschmacklich wahrnehmbaren Folgen des Faßausbaus, daher als urwüchsig, kräftig, säurebetont und nachhaltig im Abgang charakterisiert; im 18. Jh. *echter Wein.* → *artig, charaktervoll.*

**eckig** unausgeglichen, mit einzeln hervortretenden Inhaltsstoffen (zu gemeinsprachl. ›grob‹ wie in *eckige Art,* bereits im 17. Jh. gebraucht, im 18. Jh. noch für ›ungewöhnlich‹); oft bei unreifen Weinen, bes. bezogen auf das Hervortreten von Alkohol, Säure und Gerbsäure bei wenig Extrakt, Aroma und Bukett. → *kantig.*

**edel** vorzüglich, von sehr guter Art; weinsprachl. als Steigerung von → *fein* zur Bezeichnung besonders guter Weine, aber nicht notwendig der besten ihrer Art gebraucht. Bis 1970 nur für Weine aus ungezuckertem Most verwendet. Als *edel* gelten hochreife, alkohol- und körperreiche Weine von besonders feiner Art. Sehr häufig gebraucht, auf Preislisten und Weinkarten bei jedem fünfzehnten Wein, oft als Attribut zu *Reife* oder *Süße.* → *adelig, fein, nobel.* **edel-** als Steigerung bei Adjektiven wie *edelblumig,* entsprechend zu → *fein, fruchtig, rassig, rein, süffig* und *würzig.*

**Edelauslese, Edelbeerenauslese,** bis 1970 für → *Auslese, Beerenauslese* gebraucht. **Edelbeerenbukett, Edelbeerenton** Geruch und Geschmack nach rosinenartig eingeschrumpften Beeren, nur von edelsüßen Trockenbeerenauslesen. **edelfaul** von Botrytis befallen,

**Edelfäule** Botrytisbefall, auch zur Bezeichnung des Ergebnisses ›Geruch und Geschmack nach edelfaulen Beeren‹, **Edelfäulecharakter** und **Edelfäuleton**, von edelsüßen Auslesen und Beerenauslesen. → *Botrytis.* **edelfirn** mit feiner Firne, **Edelfirne** edler Altersgeruch und -geschmack großer Weine, erstes Stadium der → *Firne*, früher sehr geschätzt. Auf Preislisten und Weinkarten heute selten. **Edelgewächs**, auch **Edelkreszenz** hochwertiger Wein aus ungezuckertem Most, bis 1970 gebraucht. → *Hochgewächs.*

**edelreif** 1. auf Trauben bezogen: von außergewöhnlicher Reife, die Vollreife noch übertreffend; 2. auf Weine bezogen: aus edelreifen oder edelfaulen Trauben gewonnen, auf dem Höhepunkt der Weinentwicklung befindlich; entsprechend auch **Edelreife**, von großen Weißweinen. **edelsüß** mit unvergorenem Zuckerrest (bei Weinen aus edelreifen oder edelfaulen Trauben); überwiegend bei großen Auslesen, Beeren- und Trockenbeerenauslesen. **Edelsüße** edle Natursüße hochwertiger Weine. **Edelwein**, bis 1970 für Qualitätswein aus ungezuckertem Most, dem heutigen → *Prädikatswein* entsprechend, im Gegensatz zum einfacheren *Konsum-* oder *Tischwein.* Auch für Spitzenwein gebraucht.

**ehrlich** fehlerlos, ohne unerlaubte, die Weineigenschaften verdeckende Behandlung. → *gediegen, grundehrlicher Tropfen.*

**Eichengeschmack** Beigeschmack nach Eichenholz; bei Rotweinen, die im Barriquefaß gelegen haben, erwünschte Geschmacksnuance, sonst im Übermaß unerwünscht. → *Faßgeschmack, Holzton.*

**Eigenart** Eigentümlichkeit, Besonderheit; wird für Weine gebraucht, bei denen ein besonderer, schwer faßbarer Geschmack bezeichnet werden soll. Auf Preislisten und Weinkarten bes. für Bukettweine wie Gewürztraminer oder Morio-Muskat, → *Art.* **eigenartig** von besonderer Art, bes. für Weine mit zu starkem Geruch. Steigerung → *fremdartig.*

**einfach** 1. ohne besondere Eigenschaften, 2. im 19. Jh. aus unvermischtem Rebsatz (zu gemeinsprachl. ›von geringerer Stärke und Güte als anderes seiner Art‹ wie in *einfaches Bier*, ›nicht zusammengesetzt‹ wie in *einfaches Wort*). → *charakterlos, nett.*

**eingekocht** durch Erhitzen konzentriert, im 19. Jh. Verfahren zur Gewinnung schwerer Weine. Der durch Erwärmen reduzierte Most wurde mit frischem Most verschnitten und dann vergoren. Gefahr des → *Kochgeschmacks.* Gleichbedeutend → *gekocht*, nicht zu verwechseln mit → *Kochwein.*

**einseitig** von zu starkem Geruch (zu gemeinsprachl. ›nur eine Seite habend‹), negativ.

**Eiswein** Wein aus Trauben, die bei der Kelterung auf natürlichem Wege gefroren sind; dadurch Mostkonzentration wie bei → *Beerenauslesen*, meist mit Konzentration der Säure. Als weinrechtl. Bezeichnung an bestimmte Voraussetzungen gebunden. Mit Trocknung statt Gefrieren → *Strohwein.* **Eisweincharakter**, abhängig vom Reifezustand des Leseguts vor dem Gefrieren. Weine aus nicht vollreifem Lesegut sind meist unharmonisch mit mostiger oder plumper Süße. Weine aus vollreifem und überreifem Lesegut beeindrucken durch die Konzentration der Inhaltsstoffe in Geruch und Geschmack.

**elegant** von feiner Beschaffenheit; wird weinsprachl. für leichtere Weine gebraucht, die feine Geruchs- und Geschmacksstoffe besonders harmonisch verbinden. Sie weisen bei wenig Alkohol und Extrakt meist eine feine Säure und Kohlensäure auf. Steigerung → *vornehm.* **Eleganz** feiner Geschmack, Feinheit. *Elegant* und *Eleganz* sind Kernwörter der Weinsprache und werden bei jedem achten Wein gebraucht, dabei *elegant* drei- bis viermal häufiger als *Eleganz.* Beide Wörter besonders häufig neben *fruchtig* und *Frucht.*

**entwickelt** ausgebaut (zu gemeinsprachl. ›aus etwas hervorgehen‹); weinsprachl. für verschiedene Stadien der Weinerzeugung gebraucht, 1. nach Faßausbau → *füllreif*; 2. bei Erreichen des Höhepunkts der Flaschenreife → *genußreif*. Ähnlich → *ausgebaut, fertig*. **entwicklungsfähig** → *Zukunft*.

**Erdbeergeschmack** an vollreife Erdbeeren erinnernder Geruch und Geschmack, kommt bei sehr guten und gut gereiften älteren Rotweinen vor, bes. bei Burgundern. → *Brombeergeschmack*.

**erdbetont**, von kleinen Weinen, → *erdig*. **Erdgeschmack** Beigeschmack nach Erde (zu *Erde* ›Boden‹ wie in *Pflanzerde*); Fehler aufgrund von Verschmutzung des Leseguts, beispielsweise durch Bodentrauben, die auf dem Erdboden gelegen haben. → *Bodengeschmack, Bodenton*. **erdhaft**, von kleinen Weinen, häufiger **erdig** 1. in charakteristischer Weise nach dem Boden schmeckend, positiv; 2. unangenehm nach Erde schmeckend, Geschmacksfehler, durch Verschmutzung des Leseguts oder Behandlungsfehler bei der Filtration verursacht (im 18. Jh. wird der Unterschied durch *erdicht* ›der Erde ähnlich‹ wie in *erdicht riechen, schmecken* und *erdig* ›Erde enthaltend‹ ausgedrückt). → *Bodengeschmack, Bodenton, Erdgeschmack, Lagenton*.

**erfrischend** säurebetont, süffig. **erhaben** exzellent, von großen Weiß- und Rotweinen. → *adelig, vornehm*.

**Essenz** Wein aus Most, der aus vorsichtig zerquetschten Trauben ohne Preßdruck abläuft, von höchster Qualität, auch **Essenzwein** Ausbruch aus welken Traubenbeeren, Rosinen; in Österreich und Ungarn gebräuchlich. → *Ausbruch*.

**Essigstich** unangenehm stechender, essigsaurer Geruch und Geschmack, **essigstichig**; durch Essigsäurebakterien verursachte Krankheit; hat Farbveränderung, Trübung, Entwicklung von Kohlensäure zur Folge. Essigstichige Weine sind zudem oft → *schleimig* oder *dick.* Stark betroffene Weine sind verdorben. → *Stich.*

**Estergeschmack** an Essigsäure erinnernder Geschmack (zu *Essigester*); durch Angären des Mostes auf der Maische verursacht.

**Extrakt** Gesamtheit aller nichtflüchtigen, im Wein gelösten Stoffe; der Extrakt bleibt beim Verdampfen zurück, darunter Zucker, Glyzerin, nicht flüchtige Säuren, Stickstoffverbindungen, Gerb- und Farbstoffe, Mineralstoffe. Qualität und Geschmack des Weins werden wesentlich von den Extraktstoffen bestimmt. → *Körper.*

# F

**fad** von zu geringer Säure, im 19. Jh. ›geistlos‹, das ist ›von zu geringem Alkoholgehalt‹ (zu gemeinsprachl. *fade, fad* ›nicht schmackhaft, schal‹, im 18. Jh. aus frz. *fade* entlehnt); auch **Fadgeschmack**, negativ von kleinen, leeren Weinen. → *laff, flach, schal.*

**fadenziehend** mit Trübung durch winzige Fäden, aufgrund einer durch Bakterien oder Schleimhefen verursachten Krankheit; im 19. Jh. auch **fadig** (nach botanisch *fadig* ›fadenförmig‹, von einem überall gleich dicken, aufrecht stehenden Staubfaden), **Fadigkeit** und **Fadigwerden**. → *lang, lind, zäh.*

**fällt hinten ab** ohne nachhaltigen Abgeschmack. → *abfallend, Abgang, bleibt nicht haften.*

**farbebrechend** farbkrank, im 19. Jh. (zu gemeinsprachl. *brechen* ›umschlagen‹ wie in *der Wein bricht* ›schlägt um, wird trübe‹); von Rotweinen, deren Farbe sich aufgrund zu hoher Temperatur entweder blaßrot bis violett oder braun bis schwarz verfärbt. → *farbkrank.* **Farbgeschmack** unangenehmer Geruch und Geschmack nach Farbe, durch Berührung mit Farben, deren Geruch leicht aufgenommen wird und in den Geschmack übergehen kann. → *Karbolgeschmack, Lackgeschmack, Teergeschmack.* **farbkrank** mißfarbig aufgrund einer Krankheit, entweder durch Bakterien verursacht, die den Farbstoff zerstören, oder Oxydation. Betroffene Weine können zusätzlich → *trüb, schleimig* oder *dick* werden. **farblos** Weißweinfarbe, blasser als *wässerig.* **farbschwach**, **farbstoffarm** nicht den vollen Farbton zeigend, bei Rotweinen ein Fehler, bei Roséweinen als Folge der Herstellung. **farbstoffkräftig, farbstoffreich** mit vollem Farbton der Rebsorte, von Rotweinen mit Farbtönen wie *rubinrot, tiefrot, blaurot, schwarzrot* oder *braunrot.* **Farbwein** Wein von der Färbertraube, 19. Jh., zum Verschnitt mit farbstoffschwachen Rotweinen. → *Deckwein.*

**faßblank** ohne Trübung. → *blank.* **Faßgeschmack** dumpfer, muffiger Beigeschmack, verursacht durch Lagerung in unsauberem Faß. Bei Auslaugen nicht genügend weingrün gemachter neuer Fässer → *Holzgeschmack, Lohgeschmack,* bei Schimmel → *Schimmelgeschmack.* **Faßreife** Höhepunkt der Reife des Weins im Faß; auf die Faßreife folgt die Abfüllung; in der Flasche erreicht der Wein die → *Flaschenreife.* **faßsauer** nach Moder und Schimmel schmeckend, im 19. Jh. → *luftsauer.* **Faßwein** Wein, der im Faß lagert, aus dem Faß ausgeschenkt wird oder im Faß gehandelt wird. → *Barriquewein, Flaschenwein.*

**faul** unangenehm nach faulen Eiern riechend und schmeckend, oft durch Behandlungsfehler verursacht; auch bei Weinen aus nicht vollreifen, faulen Trauben. → *Apothekengeschmack.* **Faulböckser** unangenehmer Geruch und Geschmack nach geschwefeltem Alkohol; Fehler, bei zu langer Lagerung eines böcksernden Weins auf der Hefe verursacht. **Faulgeruch**, im 19. Jh. → *Böckser.* **Faulgeschmack** dumpfer, muffiger Beigeschmack, verursacht durch zu lange Lagerung eines Weins auf der Hefe, → *Faulböckser*; auch für → *Faßgeschmack* gebraucht. **faulig, faulsig** unangenehmer Geschmack nach fauler Hefe oder unreifer Traubenfäule, im 19. Jh. auch **faulriechend**. **Faulser** dumpfer, muffiger Beigeschmack; durch verschimmelte Trauben oder verschimmelte Beeren im Lesegut verursachter Fehler. In schweren Fällen sind die Weine verloren. Wird auch gleichbedeutend mit → *Faßgeschmack* und *Schimmelgeschmack* gebraucht. **Faulton** charakteristischer Geruch und Geschmack von Weinen aus edelfaulen Beeren, positiv. → *Edelfäuleton.*

**federweiß** aufgrund der Gärung milchigweiß getrübt; natürlicher Zustand der Entwicklung des Traubenmosts zu Wein. **Federweißer** Most gegen Ende der Gärung. Anfangs beginnt der → *Most* als *Bitzler* oder *Vitzler* ein wenig zu gären und ist noch süß. In der zweiten Phase, der stürmischen Gärung, heißt er auch → *Brauser, Bremser, Sauser* oder *Sturm*. Wenn der Zucker vergoren ist, spricht man vom Federweißen und vom → *neuen Wein* oder *Neuen*. Die Bezeichnungen sind zahlreich und regional verschieden.

**fein** 1. überdurchschnittlich, 2. vorzüglich (zu mehreren Bedeutungen des Wortes in der Gemeinsprache ›zart, subtil‹, ›von fremden Zusätzen frei‹, ›aus kostbarem Material hergestellt‹ und ›mit Können und Fleiß erzeugt‹); nach Auffassung der Fachleute weinsprachl. meist für alkohol- und extraktarme, die Geruchs- und Geschmacksstoffe harmonisch verbindende Weine gebraucht. Tatsächlich auf Preislisten und Weinkarten häufigstes aller Weinwörter, für Weine aller Güteklassen vom Tafelwein bis zur Trockenbeerenauslese bei durchschnittlich jedem fünften Wein benutzt. → *delikat*, Steigerung → *edel, hochfein*. **fein-** als Steigerung in *feinaromatisch*, auch zu → *duftend, duftig, edel, elegant, gewürzt, mild* und *süß*. Die folgenden Bezeichnungen auf Preislisten und Weinkarten: **feinartig**, überwiegend auf Weinkarten. → *artig*. **feinblumig**, **feinfruchtig**, häufig in allen Bereichen; **feingörig**, selten. → *Gör*. **Feinheit** große Harmonie der Geruchs- und Geschmacksstoffe, meist auf Weinkarten. → *Finesse*. **feinherb**, für kleine und mittlere Weiß- und Rotweine; **Feinherbe**, nur für Rotwein, selten. **feinnervig**, wie → *nervig* für Weißwein gehobener Qualität. **feinrassig** mit zarter, feiner, harmonisch eingebundener Fruchtsäure, als wertvolle Eigenschaft von nicht zu schweren, reifen Weißweinen, vorwiegend auf Weinpreislisten. **feinreif**, als Prädikat für ältere Weißweine vorwiegend auf Weinkarten. **Feinwein**, selten gebraucht, doch in der gereimten Charakteristik vorkommend: *Frankenwein – Krankenwein, Rheinwein – Feinwein, Neckarwein – Schleckerwein*. **feinwürzig**, selten auch **Feinwürze**, wie → *würzig*.

**Fernewein**, 17. Jh. → *Firnewein.*

**fertig** 1. reif, gut ausgebaut, 2. im 19. Jh. für völlig vergoren, ausgebildet; beides positiv, → *ausgebaut, entwickelt, flaschenreif, genußreif;* 3. zu alt, abgebaut; negativ, → *abgebaut, abgelebt, aufgelöst, passé, stumm, tot.*

**fest** säurereich; für Weine mit einer kräftigen, ausgewogenen Säure. Auch zur Bezeichnung von Weinen mit unangenehm hoher Säure oder schwachem → *Essigstich.* Steigerung → *hart.*

**Festwein** Wein für festliche Gelegenheiten, selten gebraucht.

**fett** extraktreich, im 19. Jh. ›körperig‹ (zu gemeinsprachl. ›wohlgenährt‹), ähnlich → *schmalzig, ölig.* **Fett** dickflüssiger Extrakt, ähnlich → *Schmalz.* **Fettwerden**, im 19. Jh. für Krankheit, die den Wein zäh und dickflüssig werden läßt. → *Langwerden, Lindwerden, Zähwerden.*

**Feuer** im 18. Jh. ›der Geist der hitzigen Getränke‹, *der Wein hat viel Feuer.* **feurig** 1. alkoholreich, 2. seltener ›leuchtend rot‹ (im 18. Jh. ›dem Feuer ähnlich, glänzend‹ und ›alkoholreich‹, *ein feuriger Wein, welcher viel Feuer hat*); weinsprachl. bes. von extraktreichen Rotweinen, aber auch von reifen, vollmundigen Weißweinen. Meist wird *feurig* nur wie bereits im 18. Jh. als Bezeichnung für hohen Alkoholgehalt verstanden. **feurigrot**, Farbe edler Rotweine zwischen *rubinrot* und *tiefrot.*

**Feuersteingeschmack** erdiger Geschmack, bes. bei Weinen von kieselhaltigem Boden. → *Bodenton, erdig.*

**Filtergeschmack** unangenehmer, muffiger oder metallischer Beigeschmack, verursacht von neuen oder falsch gelagerten Filtern. → *Asbestgeschmack, Sackgeschmack.*

**Filzgeschmack** unangenehmer, muffiger Beigeschmack, verursacht von nicht einwandfreien Filtern. → *Asbestgeschmack, Filtergeschmack, Sackgeschmack.*

**Finesse** Feinheit (zu frz. *finesse*, im 17. Jh. ins Deutsche entlehnt), bezeichnet das, was einen alkohol- und extraktreichen Wein durch nuancenreiches Spiel weiterer Inhaltsstoffe (Aroma, Bukett, Frucht, Säure) zu einem großen Wein macht. Auf Preislisten häufig für Weißweine von guter bis höchster Qualität, auf Weinkarten deutlich seltener. Dabei am häufigsten zusammen mit *Frucht* genannt, oft mit *Reife*, auch mit *Harmonie, Eleganz, Würze* und *Spiel.* → *Feinheit, Raffinesse.* **finessenreich**, für mittlere bis gute Weine, selten.

**firn** alt, mit besonderem Geruch und Geschmack. **Firne** Alterston (zu mhd. *virne* ›alt‹, *verne* ›vorjährig‹, im 18. Jh. *im firnen Jahr, firner Wein, von dem Firnen essen* ›den Früchten aus dem Vorjahr‹); früher hochgeschätzte Weineigenschaft, heute meist als dünn und arzneiartig abgelehnt. Aufgrund des Verlusts der Kohlensäure sind firne Weine nicht → *frisch*, sondern *matt* und wirken → *trocken* statt *saftig*. Sie sind → *hochfarbig* und besitzen *Firnbukett* und einen *Firngeschmack.* Leichte Firne gilt noch als angenehm, starke Firne hat einen stechend → *herben* und leicht *bitteren* Geschmack zur Folge. Wie der einst hochgeschätzte Geschmack sind auch die Weinwörter *firn* und *Firne* nicht mehr aktuell. Am ehesten wird noch das Substantiv auf Weinkarten für gute Weißweine älterer Jahrgänge gebraucht. → *abgelebt, passé, tot; Edelfirne, Reifefirne, Säurefirne.* **Firnbukett**, **Firngeruch**, **Firngeschmack** an Brotrinde oder Dörrobst erinnernder Geruch und Geschmack; bei Südweinen als → *Sherry-* oder *Spaniolgeschmack* geschätzt, bei deutschen Weinen meist nicht gern gesehen. → *Brotgeschmack, Luftgeschmack, Rahngeschmack.* **firnig** mit deutlichem Alterston, im 19. Jh. **firnsig. Firnwein** Wein eines früheren Jahrgangs, im 18. Jh. *zwei firner Wein* ›zwei Jahre alter Wein‹, noch als *zweifirnig* bekannt. **Firnewein** abgelagerter Wein.

**Fischwein** zum Fisch geeigneter Wein, früher stets Weißwein, heute auch Roséwein und passender Rotwein. → *Bratenwein, Dessertwein.*

**flach** ausdruckslos (zu gemeinsprachl. ›platt, ohne Tiefe‹), von säure- und extraktarmen Weinen ohne Kohlensäure, Bukett und Aroma als Folge der Reife, aufgrund von Behandlungsfehlern oder bei Anbruch. → *fad.*

**flacker** hell, klar (zu gemeinsprachl. *flackern*, seit dem Mittelalter unter Einfluß von lat. *flagrans* ›brennend, leuchtend, funkelnd‹); im 19. Jh. höchster Grad der Klarheit und Dünnflüssigkeit. **flackerhell** überklar.

**flaschenkrank** nach der Abfüllung auf Flaschen nicht probierfähig; vorübergehender Zustand, durch Filtration vor der Flaschenfüllung verursacht, wird durch Flaschenlager beseitigt. → *durcheinander, probiert sich nicht.* **flaschenreif** bei längerem Liegen in der Flasche klar bleibend, **Flaschenreife** Höhepunkt der Reife eines Weines; der mit Erreichen der → *Faßreife* auf Flaschen gezogene Wein erreicht dort den Zustand der feinsten und höchsten Reife. → *Faßreife, Füllreife.* **Flaschenwein**, reift langsamer, bewahrt dadurch den durch → *Faßreife* erreichten Zustand und baut ihn noch zur höherwertigen Flaschenreife aus. Die Geschwindigkeit des Reifens hängt von der Größe der Flasche ab: je kleiner die Flasche, desto schneller die Reifung.

**flüchtig** rasch vergehend (zu gemeinsprachl. ›rasch verfliegend, dahinschwindend, vergänglich‹); heute überwiegend auf das Bukett des Weines bezogen, im 19. Jh. auch auf Alkohol, darum gelegentlich weinsprachl. noch für alkoholreich. → *blumig.*

**Fluppes** Nachwein, nur regional bekannt (zu mundartl. *fluppen* ›flott vonstatten gehen‹); Herstellung heute verboten. → *Haustrunk, Tresterwein.*

**flüssig** von fremden Stoffen frei, im 19. Jh.; benennt den Flüssigkeitsgrad nach der Klärung.

**forciert** schnell ausgebaut (zu gemeinsprachl. *forcieren* ›erzwingen‹); von Weinen, deren Ausbau beschleunigt wurde, um sie frühzeitig trinkreif zu haben.

**fordernd, fordert** zum Weingenuß anregend (zu gemeinsprachl. *fordern* ›verlangen‹); von Weinen mit fruchtiger Säure. → *animierend, anregend.*

**fortschreitend** sich gut entwickelnd, im 19. Jh. ›in guter Ausbildung begriffen‹.

**Foxgeruch, Foxgeschmack** (zu engl. *fox* ›Fuchs‹) → *Fuchsgeschmack.*

**fremd** andersartig; von Geruch und Geschmack, der als nicht zugehörig wahrgenommen wird. **fremdartig** von einer anderen Art (wie im 18. Jh. ›heterogen‹ im Gegensatz zu homogen), bei nicht sorteneigenem oder fehlerhaftem Geruch oder Geschmack.

**frequent** gefragt (zu gemeinsprachl. ›häufig, stark besucht‹); im 19. Jh. von leicht und gut trinkbarem → *Handelswein.*

**frisch** mit genügend Kohlensäure; von gut ausgebauten jungen Weinen und von älteren, die sich die **Frische** bewahrt haben. Zu ihrem Erhalt wird Wein reduktiv → *ausgebaut.* Weinsprachl. wird *frisch* häufig, *Frische* eher selten verwendet. → *anregend, lebendig, munter, spritzig.*

**Frostgeschmack** widerlicher, an verbrannte Brotrinde erinnernder, auch metallischer Geruch und Geschmack; bei Erfrieren bes. der unreifen Trauben, auch bei längerer Frosteinwirkung auf vollreife

Trauben. Bei Weißweinen mit Verfärbung des Weins verbunden. → *Eiswein, rostig.* **frostig** nach geforenen Trauben schmeckend.

**Frucht** Traubengeschmack. **fruchtig** nach frischem Obst riechend und schmeckend, bes. nach Weintrauben, aber auch nach Ananas, Aprikose, Erdbeere, Pfirsich und anderen Obstsorten. Bes. bei bukettbetonten Rebsorten wie Scheurebe (schwarze Johannisbeere) und Kanzler (Erdbeere). *Frucht* und *fruchtig* sind zusammen mit *fein* die am häufigsten gebrauchten Weinwörter. Sie werden auf Preislisten und Weinkarten für alle Güteklassen bei etwa jedem fünften Wein verwendet, dabei für die höherwertigen Weine *Frucht* häufiger als *fruchtig.* An Zusammensetzungen kommen häufiger vor: **Fruchtaroma**, bes. auf Weinkarten; **Fruchtgeschmack** an feines Obst erinnerndes Aroma, bei hochwertigen Weinen; **Fruchtsäure**, nur bei Weißweinen; **Fruchtsüße**, oft in Verbindung mit *Reife* und *Blume.* **Fruchtwein** Obstwein, wird nicht aus Weintrauben, sondern aus anderem Obst wie Apfel, Birne, Brombeere, Holunder oder Schlehe hergestellt.

**frühreif** schnell trinkreif; von Wein, der sich schnell ausbaut, aber auch nicht lange hält. Auch von frühreifenden Rebsorten im Gegensatz zu spätreifenden.

**Fuchsgeschmack** eigenartiger, unangenehmer Beigeschmack, von amerikanischen Wildreben und Kreuzungen. → *Foxgeschmack.* **fuchsig** rötlich-braun; Farbe von Weißweinen bei Berührung mit Luft bzw. zu geringer Schwefelung. → *hochfarbig, rahn.*

**Fülle** 1. hoher Extraktgehalt (zu gemeinsprachl. wie im 19. Jh. ›Vollsein‹), wird durch Bukett und Aroma veredelt; von Weiß- und Rotweinen. → *Körper.* 2. im 18. Jh. Wein zum Beifüllen eines Fasses. → *Füllwein.* **füllig** extraktreich, auch ›extrakt- und alkoholreich‹ (zu gemeinsprachl. ›voluminös‹); häufig von Rotweinen. → *voll.*

**füllreif** fertig zur Flaschenfüllung, auch **füllfertig**, **Füllreife**. → *Faßreife, Flaschenreife, Genußreife.* **Füllwein** Wein zum Beifüllen eines Fasses; Gefahr der Qualitätsminderung durch Beifüllen mit minderwertigem Füllwein. → *durchsoffen.*

# G

**Gär** → *Gör.* **Gärbukett**, auch **Gärton** sehr flüchtiges Bukett als Ergebnis der Gärung; normalerweise bei jungem Wein, infolge Nachgärung gelegentlich auch qualitätsmindernd bei reifem Wein. → *Bukett, Gör.* **Gärgeschmack** hefiger Geschmack, auch bei Nachgärung bereits fertiger Weine. **gärig** in jugendlicher Entwicklung, noch mit viel Kohlensäure und Zucker; bezeichnet die Eigenschaft des Weins zwischen → *mostig* und *unentwickelt.* → *görig.* **gärscharf, Gärschärfe** mit zuviel Kohlensäure in Verbindung mit hefigem Geruch und Geschmack; bei jungem Wein. → *scharf.* **gärtrüb** aufgrund der Gärung milchig getrübt; nach der Gärung zu Beginn der Klärung, aufgrund alkoholischer Nachgärung und Säureabbau abgeschwächt auch bei älteren Weinen. → *trüb.*

**gebildet** im 19. Jh. für ›fertig zum allgemeinen Gebrauch‹. → *ausgebaut, entwickelt, fertig.*

**gebrochen** trüb geworden (zu *brechen*; *der Wein bricht* ›schlägt um, wird trübe‹, *den Wein brechen* ›durch Zusatz von Wasser schwächen‹). → *Bruch.*

**gedeckt** 1. dunkelrot (von Rotwein); 2. mit Deckwein verschnitten (zu *decken* ›nicht sehen, nicht durchscheinen lassen‹, von Farben); 3. im 19. Jh. auch für Säure durch Süße überdeckt. **gedecktrot** Farbe edler Rotweine zwischen *tiefrot* und *blaurot.*

**gediegen** fehlerlos (ältere Form *gediegen* ›gediehen‹ zu *gedeihen*; fachsprachl. im Bergbau ›rein‹ wie in *gediegenes Gold*, dann auch in andere Bereiche übertragen); ohne unerlaubte, die Weineigenschaften verdeckende Behandlung, weinsprachl. selten. → *ehrlich, grundehrlicher Tropfen.*

**gefällig** im 19. Jh. ›angenehm, ohne hervorragend zu sein‹, auch **gefällt**; weinsprachl. mit leichter Übertreibung für kleinere Weine ohne Fehler, mit wenig Gerbsäure und Säure; üblich auf Preislisten, häufig auf Weinkarten. Besser als → *hübsch* oder *nett*, ähnlich → *ansprechend.*

**gefeuert** durch Erwärmung verbessert; zur künstlichen Alterung wurden junge Weine seit Jahrhunderten erwärmt oder sogar gekocht. Dies geschah in speziellen Feuerkammern. *Gefeuerte Weine* waren besonders im Versand geschätzt. Ähnlich → *gekocht,* Gegensatz → *glaciert. Den Wein feuern* hieß im 19. Jh. auch, ihn durch schwefeln haltbar zu machen.

**Gehalt**, weinsprachl. selten gebraucht. **gehaltvoll** mit großer Fülle an Inhaltsstoffen, bes. Extrakt und Alkohol. Häufig auf Preislisten und Weinkarten in Verbindung mit *fruchtig, reif* und *würzig.* Ähnlich → *körperreich,* mit noch mehr Extrakt → *plump.* **gehaltlos** im 19. Jh. für → *arm, leer.*

**geht**, *der Wein gäht an den Mann* ›ist gehaltvoll‹ im Sinne von ›macht schwach‹, mundartl. an der Mosel. → *wirft.*

**Geist** Alkohol (wie spätlat. *spiritus,* frz. *esprit*), im 18. Jh. *der Wein hat vielen Geist* ›viele flüchtige wirksame Teile‹, weinsprachl. noch im 19. Jh. *reich an Geist,* heute noch in der Zusammensetzung *Weingeist.* **geistig** alkoholreich, im 18. Jh. *geistiger Wein,* wird am Ende des 20. Jh.s nur noch als höchstes Prädikat für allerbeste Rheingauer Weißweine mißverstanden. Bis ins 19. Jh. auch **geistlos** alkoholarm. **geistreich** alkoholreich, im 18. Jh. *geistreicher Wein.*

**geklärt** von den Trubstoffen befreit; ähnlich → *klar.*

**gekocht** durch Erhitzen konzentriert, von Mosten und daraus erzeugten Weinen. Das Verfahren wurde im 19. Jh. bei der Erzeugung von → *Ausbruch* und *Strohwein* angewandt. Zu den Folgen → *Kochgeschmack.*

**gekünstelt** künstlich bereitet, im 19. Jh. für → *gepanscht, geschmiert.*

**gelb** Farbe edler Weißweine zwischen *grünlichgelb* und *goldgelb.*

**gelinde** mild, weich (zu → *lind*), im 18. Jh. *ein gelinder Wein* nicht stark oder feurig.

**gemantscht** verfälscht (zu *manschen* ›mischen‹, Klangwort wie *panschen*), im Rheinland. → *gepanscht.*

**gemischt** 1. von Trauben aus gemischtem Rebsatz erzeugt. Im *gemischten Satz* werden Weintrauben verschiedener Rebsorten nicht sortenrein angebaut. → *Rotling.* 2. verschnitten, im Keller aus verschiedenen Weinen gemischt. → *Verschnitt.* Im 20. Jh. wird *gemischter Wein* in Unkenntnis der früheren Bezeichnung als Wein mit verschiedenen Geruchs- und Geschmacksstoffen, Charakteren und Traubenbuketts beschrieben.

**genußreif** trinkfertig. **Genußreife** Zustand der Entwicklung eines Weins nach der → *Faßreife,* in dem er schon getrunken werden kann. Den Höhepunkt erreicht der Wein mit der → *Flaschenreife.*

**gepanscht** verfälscht (zu *panschen,* Klangwort wie *manschen,* im 18. Jh. *den Wein pantschen* oder *mantschen* ›auf eine ungeschickte und unerlaubte Art vermischen und verfälschen‹); betrifft jeden unerlaubten Zusatz von Wasser, Zucker, fremden Weinen und sonstigen

Stoffen. Weinpanscherei steht unter Strafe. → *gekünstelt, geschmiert, getauft, überstreckt.*

**gepflegt** gut gehalten; das Wort verdeutlicht die Wichtigkeit der Pflege des Weins im Faß und auf der Flasche. Auf Preislisten und Weinkarten selten.

**gerbsauer** im 19. Jh. für adstringierend, zusammenziehend (zu *Gerbsäure*, Gerbstoff, vorwiegend aus Kernen und Stielen der Trauben, von *gärben, gerben* ›zubereiten‹, eigentl. ›gar machen‹ wie bei Leder); zur Bezeichnung eines zu hohen Gehalts an Gerbsäure → *bitter, rappsig, streng.*

**gereift** auf dem Höhepunkt der Flaschenreife. → *flaschenreif, reif.*

**gering** schlecht, *geringer Wein* ›einfacher Wein‹, bereits im 16. Jh. → *klein, leicht.*

**Geruch** bei Wein nur für durch Fremdstoffe verursachten *fehlerhaften Geruch* oder für durch Bakterien hervorgerufenen *krankhaften Geruch* gebraucht, → *Böckser*; sonst für flüchtige Geruchsstoffe des Weins → *Blume, Bouquet, Bukett, Duft.* **geruchlos** im 19. Jh. ›ohne Bouquet und Aroma‹, negativ.

**geschliffen** nicht unangenehm hervortretend (zu *schleifen*), auf Preislisten und Weinkarten vorwiegend als Attribut zu *Reife* und *Art.*

**geschmacklos** im 19. Jh. ›schal, ohne Alkohol‹. → *abgelebt, passé, tot.*

**geschmeidig** 1. harmonisch, säurearm, 2. harmonisch, extraktreich, 3. extraktreich, mit betonter Restsüße; vorwiegend für Weißweine gebraucht; für Rotweine → *samtig.* Ähnlich → *glatt, weich.*

**geschmiert** gepanscht (im 18. Jh. *den Wein schmieren* ›ihm mit schädlichen Dingen eine höhere Farbe oder einen angenehmeren Geschmack geben‹, *geschmierter Wein*; im 19. Jh. auch *den Wein anschmieren, verschmieren* ›durch schädliche Zusätze verkäuflicher machen‹, im 20. Jh. *Schmierereien* ›Manipulationen zur Fälschung oder Verfälschung von Wein‹). Ähnlich → *gekünstelt, verschnitten*, Gegensatz → *rebrecht*.

**geschönt** mit Schönung geklärt; im Weinbau *den Wein schönen* ›durch Behandlung mit Lösungen von Gelatine, Hausenblase, Eiweiß, Kasein klären‹.

**gespalten** im Geschmack nach Süße und Säure auseinanderfallend; bei unharmonischen Weinen, oft solchen mit → *Süßreserve*. Ähnlich → *getrennt, sauersüß*.

**gespritet** mit Alkohol verstärkt; bei manchen Dessertweinen wird der Alkoholgehalt durch Zusatz von Weingeist erhöht. → *spritig*.

**gestellt** im 19. Jh. ›von allen fremdartigen Stoffen gereinigt, krankheitssicher gemacht‹ (zu *stellen* ›stehen machen‹). → *ausgebaut, entwickelt, fertig*.

**gestoppt** in der Gärung unterbrochen, daher auch für ›unharmonisch süß‹ gebraucht; als *Stoppen* wird die Gärungsunterbrechung durch kellertechnische Maßnahmen bezeichnet.

**gestört**, auch **gestoßen** nicht probierfähig, nach Transport oder aufgrund zu hohen Kohlensäuregehalts, durch Nachgärung oder Säureabbau. → *durcheinander*.

**gestreckt** durch Wasser oder Zuckerlösung verfälscht, verhüllende Bezeichnung für → *gepanscht*, ähnlich *getauft*.

**gesund** ohne Mangel oder Fehler, im 19. Jh. ›mannbar und regelrecht gehalten‹, genußreif und in gutem Zustand. Gegensatz → *krank.*

**getauft** durch Wasser in der Menge vergrößert, entweder durch Zuckerlösung oder durch Regen in der Weinlese. → *gestreckt, überstreckt.*

**getrennt** im Geschmack nach Süße und Säure auseinanderfallend; unharmonisch, oft bei noch unfertigen Jungweinen. Ähnlich → *gespalten, sauersüß.*

**Gewächs** Wein, so schon im 18. Jh., *Wein vom guten Gewächs* (Goethe), *mit eigenem Gewächse versehen, Wein vom dießjährigen Gewächse* ›von diesem Jahrgang‹. Auf Preislisten für große, gereifte edelsüße Weißweine häufig, auf Weinkarten dagegen selten. → *Hochgewächs, Kreszenz, Wachstum.*

**gewaltig** extrakt- und alkoholreich; ähnlich → *mächtig.*

**Gewürz** mit Würze, von Traminern und Gewürztraminern, ebenso **Gewürzbukett, Gewürzgeschmack**. Im 19. Jh. **gewürzig**, noch auf Preislisten und Weinkarten vorkommend. Selten **gewürzt** mit Trauben- oder Fruchtaroma, nicht in der Bedeutung ›mit Zusatz von Gewürz‹. Ähnlich → *Würze, würzig.*

**gezehrt** zu alt geworden, daher dünn, arzneiartig schmeckend, sauer und mit starkem Bukett. Die Bezeichnung kommt erstaunlicherweise auf Weinkarten vor. → *knochig, sperr.*

**gezuckert** angereichert, verbessert; Zusatz von Zucker zum Most vor der Gärung zur Erhöhung des Alkoholgehalts. Aus angereicherten Mosten können keine → *Prädikatsweine* erzeugt werden; ähnlich → *verbessert.*

**gibt her** vollmundig, kräftig, nachhaltig, von extrakt- und alkoholreichen Weinen mit angenehmem Nachgeschmack; auch in der Form → *hergebend.*

**giftig**, *giftige Säure* ›unreife Säure‹. → *grün.*

**glaciert** durch starke Abkühlung verbessert; mit dem Verfahren wurde die Ausscheidung von Stoffen wie Weinstein, Eiweißsubstanzen oder Farbstoffen im 19. Jh. beschleunigt. Der Wein wurde dadurch alkoholreicher und insgesamt kräftiger. Gegensatz → *gefeuert, gekocht.*

**glanzhell** von höchster Klarheit. → *Schwarzglanz.*

**glashell** klar mit leichten Trübungen (im Gegensatz zu gemeinsprachl. *glashell* ›helleuchtend, durchsichtig wie Glas‹); Zustand der Klarheit nach dem ersten Abstich.

**glatt** säurearm, extraktreich und harmonisch, im 18. Jh. *der Wein gehet glatt ein* ›ist dem Geschmack angenehm‹; durch übermäßige kellertechnische Behandlung abgeschliffen, ohne besonders hervortretende Eigenschaften, aber → *süffig.*

**Glühwein** mit Gewürzen und Zucker zubereitetes Heißgetränk, aus Rotwein als *Admiral* bezeichnet, aus Weißwein als *Seehund.* → *warmer Wein.*

**glutvoll** extrakt- und alkoholreich. → Ähnlich *feurig, gehaltvoll, mollig, vollmundig, wuchtig.*

**goldgelb** Farbe edler Weißweine zwischen *gelb* und *bernsteinfarben.*
**Goldton** Farbe edelsüßer Beerenauslesen der Rebsorten Ruländer und Gewürztraminer.

**Gör**, **Göhr** individueller Geruch und Geschmack eines Weins (gemeinsprachl. *Gare, Gör*, auch *Gahre, Göhre*, zu *gären*; als Ergebnis der Gärung wie im 18. Jh. in *der Toback hat eine gute Gahre oder Göre* ›Geruch‹); weinsprachl. im 19. Jh. *der Wein ist in der Gare* ›Gärung‹, *hat seine Gare* ›Geruch und Geschmack‹. Heute wird mit *Gör* das ›Gärbukett‹ bezeichnet; *reine Gör* deutet auf Reintönigkeit, *unreine Gör* auf Nebentöne in Geruch oder Geschmack. Daneben wird *Gör* auch als Weinwort für flüchtige, lebendige, reinschmeckende Art und für Geruch benutzt. Auf Preislisten und Weinkarten kommt der als Fachwort geltende Ausdruck praktisch nicht vor. → *Schiefergör.* **görig**, **göhrig** im 19. Jh. ›nach dem Boden der Weinbergslage riechend und schmeckend‹ (zu *Gare* im 19. Jh. ›lockerer Zustand der Bodenkrume‹ und ›Fettigkeit des Bodens‹, auch ›Dünger‹, abgeleitet von *gären*); im 20. Jh. weinsprachl. auch ›säurebetont, alkoholreich‹ im Gegensatz zu → *weich.* Mit anderer Bedeutung → *gärig.*

**granatfarben** Farbe reifer Rotweine (von *Granat*, einem Halbedelstein).

**Grasgeschmack** unangenehm grasiger, unreifer Geruch und Geschmack, der an Stachelbeeren oder Sauerampfer erinnert und von grünen Beerenhülsen und Blättern verursacht wird; durch Verzicht auf die Entfernung der Stiele (Entrappen) vor der Kelterung und zu starkes Auspressen verstärkt. → *grün, Hülsengeschmack, Kammgeschmack, Rappengeschmack, rappsig.* **grasherb** mit Kamm- oder Hülsengeschmack. → *bitterherb, herb, kammherb.* **grasig** 1. mit Geruch oder Geschmack nach grünen Pflanzenteilen; 2. unreif sauer. → *Grasgeschmack, grün.*

**grauer Bruch** Trübung, durch Eisenphosphatverbindungen verursacht. → *Bruch.* **Graugeschmack** unangenehm schimmeliger Geschmack, durch verschimmelte Fässer hervorgerufen. → *Schimmelgeschmack.*

**groß** herausragend, von Spitzenweinen. Auf Preislisten sehr häufig gebraucht, auf Weinkarten häufig, meist als Attribut zu *Wein, Frucht* oder *Reife*. Ähnlich → *edel, fein.*

**grün** 1. Farbe des Weißweins, 2. unreif, herb und säurereich (Geschmack nach grünen, unreifen Pflanzenteilen), von kleinen Weinen aus unreifen Trauben; *grüne Säure* ›unreife Säure‹. → *grasig, unartig, unreif.* **grüner Wein** Jungwein, für deutsche Weine zu Anfang des 20. Jh. s. gebräuchlich. **grünlichgelb** Farbe edler Weißweine zwischen *hellgelb* und *gelb.*

**grundehrlicher Tropfen** Wein, der seine Eigenschaften zeigt und nicht verdeckt (gemeinsprachl. *grundehrlich* ›in hohem Grade ehrlich‹, bereits 18. Jh.). → *gediegen, ehrlich.* **grundsig** mit Bodengeschmack (zu *Grund* ›Erde‹), im 19. Jh.

**Gummi** Extrakt (zu spätmhd. *gummi* ›Baumharz‹, im 18. Jh. ›schleimiger Saft aus Bäumen und Gewächsen‹). Gummistoffe geraten aus verholzten Traubenstielen in sehr geringen Mengen in den Wein. Dem **Gummigehalt** wurde im 19. Jh. entscheidende Bedeutung für die Bildung des → *Körpers* beigemessen. **Gummigeschmack** Beigeschmack nach Weinschläuchen und Weinpumpen, Fehler.

**gut** reintönig, einwandfrei, im 19. Jh. *gut* und *sehr gut* als wertende Prädikate für Wein.

**Gutswein** auf Weingut erzeugter und ausgebauter Wein, im Gegensatz zu → *Bauernwein, Handelswein.* Weinrechtl. als *Erzeugerabfüllung* oder *Gutsabfüllung* zu bezeichnen.

# H

**habhaft** voll, kräftig, kernig (zu mhd. *habhaft* ›Besitz habend‹, schweizerisch ›begütert‹, regional ›schwer, sättigend‹), für kleine bis mittlere Weine; selten.

**Hagelgeschmack** unangenehmer Geruch und Geschmack nach Schimmel, von Weinen aus verhagelten Trauben; Fehler, verursacht durch Grün- und Sauerfäule bei unreif beschädigten Trauben. → *Schimmelgeschmack.*

**halbhell** schleierig getrübt, im 19. Jh. → *blau, schleierig.*

**halbtrocken** mit harmonischer Süße, weinrechtl. erlaubte Geschmacksangabe mit festgelegtem Restzuckergehalt.

**Handelswein** im Weinhandel gehandelter Wein; im 19. Jh. meist für → *Faßwein* gebraucht.

**hängend** einseitig, *hängende Süße* ›aufdringliche Restsüße‹ bei unharmonischen Weinen. **hängt** gärt nicht weiter, von Weinen, die in der Gärung → *steckengeblieben* sind.

**Harmonie** angenehmes Verhältnis aller Bestandteile des Weines zueinander; betrifft Geruch und Geschmack und wird bes. auf das Verhältnis von Süße, Säure, Extrakt und Alkohol bezogen, aber auch auf das Verhältnis von Geruch und Geschmack. **harmonisch** ausgeglichen, im Verhältnis von Säure, Alkohol und Extrakt abgerundet. In der Weinansprache werden *Harmonie* und *harmonisch* sehr häufig gebraucht (auf Preislisten an sechster Stelle aller Weinwörter), dabei *harmonisch* doppelt so oft wie *Harmonie*, auch attribuierend wie bei *harmonische Süße*.

**hart** mit hervorstechender Säure oder Gerbsäure, im 19. Jh. für → *grün und rauh* (zu ›ein wenig sauer‹ wie im 18. Jh. *das Bier schmeckt hart*); negativ für Rot- und Weißweine, deren hoher Säure- oder Gerbsäuregehalt nicht durch andere Inhaltsstoffe, bes. durch Alkohol, abgefangen wird und deshalb unharmonisch hervortritt. Ein wenig **Härte** ist bei jungen Weißweinen aus vollreifen Trauben geschätzt, wenn sie auf lange Haltbarkeit deutet und sich mit zunehmendem Alter verliert. Negativ ist Härte bes. bei unreifem Lesegut und bei fehlerhafter Behandlung wie falscher Schwefelung. → *fest, grün, herb, rauh, stahlig, streng, trocken.* **harter Knochen** außergewöhnlich saurer Wein (in übertragener Bedeutung von *Knochen* wie in rheinisch *ene wöste Knochen* ›wüster Kerl‹); von kleinen, extraktarmen Weißweinen aus unreifen Jahrgängen, an denen viel zu beißen ist. → *Dreimännerwein, saurer Knochen, Strümpfestopfer.*

**harzig** nach Harz schmeckend, bei alten Dessertweinen; im 19. Jh. gleichbedeutend mit → *firnsig.* **Harzgeschmack**, aufgrund der Haltbarmachung des Weins durch Harz, noch bei griechischen Weinen.

**Haustrunk** Nachwein, aus Pressung des bereits ausgepreßten und mit Wasser aufgefüllten Trebers gewonnen, dünn und säurebetont. Herstellung heute verboten. → *Lauer, Nachwein, Tresterwein.* Nicht zu verwechseln mit **Hauswein** einfacher Wein, im 19. Jh. für → *Konsumwein, Tischwein.*

**Hefeböckser**, **Hefegeschmack** unangenehmer, fauliger Geschmack (zu weinsprachl. *Böckser* ›bockähnlich stinkender Geruch und Geschmack‹), durch verspäteten Abstich von sich zersetzender oder sogar faulender Hefe verursachter Fehler, weniger stark als → *Böckser.*

**Hefenwein** auf Hefen lagernder Wein. **hefig** nach Hefe riechend und schmeckend, im 19. Jh. mehr auf die Klarheit bezogen ›getrübt‹; hefiger Geruch und Geschmack ist bei Jungweinen kein Fehler und verliert sich.

**hell** ausreichend klar, im 19. Jh. mit ›abgeklärt, durchsichtig‹ umschrieben. Diese Klarheit wird ohne besondere Behandlung erreicht, ist aber noch nicht → *glanzhell.* **hellfarbig** Weißweinfarbe zwischen *blaß* und *hellgelb.* **hellgelb** Farbe edler Weißweine zwischen *hellfarbig* und *grünlichgelb.* **hellrot** Roséweinfarbe zwischen *blaßrot* und *schillerfarben.*

**herb** weinsprachl. 1. mit hervortretendem Gerbstoffgehalt, vorwiegend von Rotweinen; 2. seltener: mit hoher bis zu hoher Säure; 3. in der Gastronomie für durchgegoren, ohne Restsüße (zu mhd. *hare, here* ›schneidend, beißend‹, *herwe, herbe* ›Herbheit‹, bereits im 17. Jh. für Geruch und Geschmack). Positiv ist *schöne* **Herbe** oder *milde* **Herbheit**, negativ *unschöne Herbe*, im 19. Jh. auch **Herbigkeit**. Obwohl eigentlich eine Bezeichnung für Rotweine, wird *herb* auf Preislisten und weit häufiger auf Weinkarten vor allem für Weißweine verwendet. Ähnlich → *adstringierend, gerbsauer, ziehend, zusammenziehend.*

**hergebend** vollmundig, kräftig, nachhaltig, von extrakt- und alkoholreichen Weinen mit angenehmem Nachgeschmack. Auch in der Form → *gibt her.*

**Herrenwein** 1. alkohol- und extraktreicher, durchgegorener Wein mit kräftiger Säure, ähnlich → *Männerwein* im Gegensatz zu → *Damenwein*, 2. gut gepflegter Gutswein im Gegensatz zum → *Bauernwein*, 3. im 19. Jh. für Wein von vorzüglicher Qualität. **Herrschaftswein** Wein gehobener Qualität; die Bezeichnung wurde früher von renommierten Weingütern gebraucht.

**herzhaft** angenehm, von kräftiger Säure; von alkohol- und extraktreichen Weinen ohne merkliche Restsüße, reifer als → *kernig*. Prädikat für → *Männerwein*. Auf Preislisten und Weinkarten für kleine bis mittlere Rot- und Weißweine.

**Heuriger** neuer Wein, österreichisch für Wein der letzten Ernte. Gegensatz → *Altwein*.

**himbeerrot** Farbe edler Rotweine zwischen *roséfarben* und *rubinrot*. → *ziegelrot*.

**hinüber** → *abgelebt, passé, tot*.

**hoch-** als Steigerung wie bei *hocharomatisch*, auch zu → *elegant, pikant, würzig*. **hochedel** von herausragender Qualität; häufig auf Preislisten und Weinkarten für hohe und höchste Qualitäten. **hochfarben, hochfarbig** Weißweinfarbe zwischen *bernsteinfarben* und *braun*; zur Bezeichnung dunkel verfärbter Weine, die den natürlichen Farbton aufgrund ihres Alters oder falscher Behandlung verloren haben. Steigerung → *fuchsig, braun*. **hochfein** von besonderer Feinheit und Güte, bis 1970 zur Bezeichnung bester → *Auslesen* gebraucht. Häufig auf Preislisten und Weinkarten, oft in Verbindung mit → *Art* und *Frucht*. **Hochgewächs** bis 1970 Bezeichnung edelster Weine, nur für Beerenauslesen und Trockenbeerenauslesen zulässig. Heute weinrechtl. in der Bezeichnung *Riesling-Hochgewächs* für gehobene Qualitätsweine ohne Prädikat, also Weine von mittlerer Güte, verwendet. → *Gewächs*. **hochreif** von edler Reife, häufig für edelsüße Weißweine.

**Hölzel** feinbitterer Beigeschmack, durch Ausbau im Holzfaß verursacht. → *Holzton*. **Holzgeschmack** unangenehmer Geschmack nach frischem Eichenholz; durch Lagerung in mangelhaft weingrün gemachten Fässern verursachter Fehler, auch **holzig**. **Holzton** Geschmack nach Eichenholz, nach Lagerung im Barriquefaß. → *Eichengeschmack, Faßgeschmack, Lohgeschmack.*

**Honigfrucht** an Honig erinnernder Geruch und Geschmack, häufig bei edelsüßen Spitzenweinen, auch **honigsüß** (bereits im 18. Jh. übertragen ›süß wie Honig, sehr süß‹), **Honigsüße** und **Honigton**. Mit verschiedener Bedeutung **Honigwein** für Met, im 19. Jh. Jedoch auch für aus Trauben erzeugten süßen Wein. **Honigwürze**, charakteristisch für Weine aus der Huxelrebe.

**hübsch** klein, gut trinkbar (zu mhd. *hövesch, hübesch*, ursprüngl. ›höfisch‹, den Sitten des Hofes gemäß, als Lehnübersetzung von frz. *courtois* ins Deutsche übernommen; bereits im 18. Jh. zur Bezeichnung einer geringeren Beschaffenheit als *schön* verwendet); für Weine ohne besondere Eigenschaften. → *nett.*

**Hülsengeschmack** unangenehmer grasiger, herber Beigeschmack (mhd. *hülse* sprachverwandt mit *hülle*, im 18. Jh. *Hülsen der Weinbeeren* ›äußere Schalen‹, bes. nach dem Auspressen des Saftes); der Geschmacksfehler wird durch zu langes Stehenlassen der Maische verstärkt. → *Grasgeschmack, Kammgeschmack, Rappengeschmack.*

**Hybridenwein** Wein aus Hybridreben, oft mit → *Fuchsgeschmack.* Hybridreben sind Kreuzungen aus europäischen und amerikanischen Reben. Der Anbau ist verboten, der Wein nicht verkehrsfähig.

# J

**Jahrgang** Wein aus einem bestimmten Jahr (zu gemeinsprachl. ›Jahr, bes. hinsichtlich Witterung und Fruchtbarkeit‹, im 16. Jh. *ein warmer und früher Jahrgang, ein gesegneter Jahrgang*); in der Weinansprache zur Hervorhebung des Charakters gebraucht. **Jahrgangston** typischer Geschmack eines bestimmten Jahrgangs, kann vom Witterungsverlauf wie zu großer Trockenheit, vom Reifezustand der Trauben, vom Auftreten der Edelfäule oder den Umständen bei der Lese wie Regen oder Frost herrühren. → *Botrytiston.*

**Jahrhundertwein** Wein von herausragender Qualität, wie er in einem Jahrhundert bis zu zehnmal gelesen wird.

**Jodgeschmack**, bei Weinen aus faulem Lesegut. → *Medizingeschmack.*

**Jodoformgeruch**, **Jodoformgeschmack** an Jodoform erinnernder Geruch und Geschmack, bei großen Weinen aus edelfaulen Beeren, häufig vorübergehend bei Jungweinen. → *Medizingeschmack, Terpentingeschmack.*

**Jufteln** charakteristischer Geruch älterer Weine (zu *Juften* ›Juchten‹, bes. in Rußland mit Weidenrinde gegerbtes und mit Birkenteer getränktes Kalbleder), im 19. und frühen 20. Jh. für → *Firne, Firngeschmack.*

**jugendlich** als fertiger Wein jung; weinsprachl. für kleine bis mittlere Weine.

**jung** 1. unfertig, leicht getrübt, mit viel Kohlensäure (Faßwein), 2. unfertig, ohne Reife und Harmonie (Flaschenwein), 3. noch nicht auf dem Höhepunkt der Entwicklung (Flaschenwein), im 19. Jh. außerdem 4. noch Kohlensäure führend. **Jungfernwein** erster Wein von neugepflanzten Rebstöcken, gewöhnlich im dritten Standjahr (zu *Jungfer* ›junge Frau‹, in ähnlicher Weise im 18. Jh. auch *Jungferbiene* ›erster Bienenschwarm eines Stockes in einem Sommer‹, *Jungfernhonig, Jungfernwachs, Jungfernschwarm* und *Jungfernwein* ›wilder Wein‹; dies bis heute eine volkssprachliche Bezeichnung der Jungfernrebe Parthenocissus). **Jungwein** Wein nach beendeter Gärung, aus dem → *Federweißen* hervorgegangen, mit *Gärbukett* und → *gärig* schmeckend, kohlensäurereich. **Jungweinbukett** Bukett zwischen Gärbukett und Lagerbukett, noch unentwickelt.

**Jutegeschmack** unangenehmer Beigeschmack nach unsauberen Filtriermaterialien, → *hart, kratzig, scharf* wirkender Fehler. → *Filtergeschmack, Filzgeschmack, Sackgeschmack, Tuchgeschmack.*

# K

**Kabinett**, früher *Cabinet* (um 1600 aus frz. *cabinet* entlehnt, im Deutschen für ›Nebenraum‹, ›Zimmer für Sammlungsgegenstände‹ und ›Arbeitszimmer des Fürsten oder Ministers‹), im Zusammenhang mit Wein zunächst im Rheingau 1. Raritätenraum im Weinkeller, dann 2. Wein besonderer Güte, auch in anderen Anbaugebieten gebraucht, 3. seit 1930 Wein aus ungezuckertem Most, 4. seit 1971 weingesetzl. Begriff: Wein der Güteklasse »Qualitätswein mit Prädikat Kabinett«; das Prädikat wird aufgrund amtlicher Qualitätsprüfung für Wein mit festgelegtem Mindestmostgewicht vergeben. → *Naturwein, Prädikatswein.*

**Kahmgeschmack** kahmig schmeckend. **kahmig**, auch **kahnig** und **kuhnig**, *der Wein wird kahmig* ›Kahm habend‹, daher ›schal, muffig riechend und schmeckend‹ (zu *Kahm* ›schleierartige Haut auf Wein‹, mhd. *kân, kâm* aus vulgärlat. *cana*; im 18. Jh. *der Wein bekommt Kahm*, auch *der Wein kahmet*). *Kahm* bildet sich auf der Oberfläche, wenn Wein längere Zeit mit Luft in Berührung ist, beispielsweise in nicht vollen Fässern oder angebrochenen Flaschen. Unter dem Kahm entstehen *Kahmhefen*, die den Alkohol verzehren. Alkohol-, säure- und extraktarme Weine sind besonders anfällig. *Kahmige* Weine sind nicht mehr → *frisch* und erinnern in schweren Fällen an ranzige Butter. Das **Kahmigwerden** ist eine Krankheit, die eine fortschreitende Trübung zur Folge hat.

**Kammgeschmack** bitterer Beigeschmack aus Traubenstielen (zu mhd. *kambe, kamme, kamp*, bereits im 18. Jh. *Kämme* ›Stiele an den Weintrauben, woran die Weinbeeren hängen‹, dafür im Oberdeutschen *Rappen, Drappen, Trappen*), an unreife grüne Traubenkämme erinnernd, durch unsachgemäßes oder mangelhaftes Entrappen der Trauben vor der Kelterung verursacht. → *Hülsengeschmack, Kerngeschmack, Rappengeschmack.* **kammherb**, im 19. Jh. **kämmselnd**, nach den Traubenstielen schmeckend (zu *Kamm* ›Traubenstiel‹). → *bitterherb, grasherb, herb.* **Kammwein**, auch **Kempwein**, Wein aus Trauben, die mit Traubenstielen gekeltert wurden, im 19. Jh. → *Treberwein.*

**kantig** unausgeglichen, mit einzeln hervortretenden Inhaltsstoffen (wie gemeinsprachl. ›ungeschliffen, ungehobelt‹). → *eckig.*

**Karbolgeschmack** unangenehmer Beigeschmack nach Karbolineum, von frisch imprägnierten Weinbergspfählen verursachter Fehler; ähnlich auch bei Weinen aus stark faulem Lesegut. → *Teergeschmack.*

**kellerhell** leicht getrübt, Klarheit des Weins nach dem ersten Abstich ohne Entfernung kleinster Trübungspartikel durch Schönung und Filtration. → *Schleier, staubig.*

**Kempwein** im 19. Jh. → *Kammwein.*

**Kern** kernige Art, selten gebraucht. **kernig** extrakt- und alkoholreich mit markanter, aber harmonisch eingebundener Säure, ohne Restsüße und Bukett, aber mit längerem Nachgeschmack. Häufig auf Preislisten und Weinkarten für kleine bis mittlere Weine, oft zusammen mit *fruchtig, kräftig, saftig.* → *Herrenwein, herzhaft.* **Kerngeschmack** herber Beigeschmack nach Traubenkernen, entsteht bei Beschädigung der Traubenkerne oder durch verspätetes Abpressen, bei Rotweinen teilweise erwünscht, bei Weißweinen meist nicht.

**Kirchenfenster** Schlieren am Trinkglas, als bildlicher Ausdruck für ›besonders extraktreich‹. → *ölig.*

**klar** ohne Trübung, klarer als → *blank*, weniger klar als → *blitzblank*. Bei Schaumwein bedeutet *klar* ›hellgerüttelt‹.

**klein** alkohol- und extraktarm, von Weinen aus unreifen Jahrgängen oder aus geringen Lagen, mit wenig Aroma und Charakter, auch aufgrund mangelnder Düngung oder zu hoher Erträge. Ähnlich → *gering, leicht, mager*. Insgesamt für → *Konsumwein, Landwein, Tafelwein, Tischwein.*

**klotzig** zu extraktreich. Noch extraktreicher als → *dick* und *plump.*

**Kneipwein** Wein, der in der Kneipe ausgeschenkt wird; weinsprachl. ›süffiger, kleiner Wein‹, scherzhaft auch *Kneippwein* ›zur inneren Kuranwendung geeigneter Wein‹.

**knochentrocken** sehr sauer. → *Dreimännerwein, harter Knochen, saurer Knochen.* **knochig** unangenehm sauer (Benennungsmotiv wie in *knochiges Fleisch*, im 18. Jh. für Fleisch, das viele Knochen enthält), *knochiger Wein* ›gezehrter, zu alt gewordener Wein‹. Zum Benennungsmotiv → *nervig.*

**knorzig** klein, säurereich, herb (zu gemeinsprachl. *knorzig* von *Knorz* ›durch viele knotige Wirbel sehr festes und derbes, schwer zu spaltendes Holz‹), weinsprachl. für kleinen Weißwein, selten.

**Kochgeschmack** Beigeschmack nach Bratäpfeln und verbrannter Brotrinde; durch zu starkes Erhitzen des Mosts verursacht. Nebeneffekt dieses Verfahrens der künstlichen Herstellung schwerer Weine. → *gekocht.* **Kochwein** im 19. Jh. für Wein, der in der Küche zur Bereitung von Speisen gebraucht wird; im 18. Jh. → *Speisewein.*

**kohlensauer** kohlensäureentwickelnd, im 19. Jh. für → *bitzelnd*, zur Bezeichnung des Zustands im Übergang vom → *Federweißen* zum → *Bitzler.* **Kohlensäureschärfe** mit zuviel Kohlensäure. → *Schärfe.*

**Konsumwein** einfacher Wein, im 19. Jh. **Consumtionswein.** → *Kneipwein, Tafelwein, Tischwein.*

**Korkgeschmack** unangenehmer dumpfer, muffiger Geschmack nach alter Lohe (zu *Kork, Korkstöpsel,* wahrscheinlich über niederländisch *kurk, kork* aus spanisch *chorcho* ›Rinde‹ entlehnt, seit dem 16. Jh. für Rinde der Korkeiche, seit Ende des 17. Jh.s für ›Flaschenstopfen‹ gebraucht). Fehler bei Flaschenwein durch Verwendung nicht einwandfreier Korken. → *Stopfengeschmack.* **korkig** unangenehm muffig nach schlechtem Korken schmeckend. **Korkschmecker**, auch **Korkser** Wein mit Korkgeschmack, betrifft meist nur einzelne Flaschen. **Korktrübung**, durch Gerbstoffe aus der Rinde der Korkeiche verursachter Fehler, entsteht nur bei falscher Behandlung.

**Körper** Gesamtheit der Extraktstoffe, die beim Verdampfen zurückbleiben: Gerb- und Farbstoffe, Zucker, Glyzerin, Mineralstoffe (im 18. Jh. *Körper* gemeinsprachl. im engeren Sinn ›der stärkere, dickere Teil eines Dinges im Unterschied zu dem schwächeren und dünneren‹); im 18. Jh. *von einem kräftigen Weine, welchen man auf der Zunge gleichsam fühlet, sagt man, daß er Körper habe,* ebenso im 19. Jh. *ein Wein hat Körper, wenn seine Kraft auf der Zunge fühlbar ist,* im 20. Jh. heißt es *hat Körper,* meist mit Attribut wie *viel Körper* oder in mehrgliedrigen Ausdrücken wie *Körper und Saft.* Ähnlich → *Fülle, Stoff.* **körperarm** mit wenig Extrakt, dafür weinsprachl. auch → *arm, dünn, flach, leer, leicht* oder *mager.* **körperhaft**, auf Preislisten für kleine bis mittlere Weine. **körperig** im 19. Jh. für dickflüssig. **körperreich** mit viel Extrakt, im 19. Jh.: von hoher Konzentration der Bestandteile und geringerem Wassergehalt; dafür weinsprachl. auch → *dick, füllig, kräftig, mastig, ölig, voll* oder *vollmundig.*

**Kraft** kräftige Art, selten gebraucht. **kräftig** im 18. Jh. *ein kräftiger Wein* (wie *kräftige Speisen, kräftige Brühen* ›Kraft habend und gewährend‹), seit dem 19. Jh. für extrakt- und alkoholreich, gelegentlich nur für alkoholreich oder für alkohol- und säurereich. Auf Preislisten und Weinkarten sehr häufig gebraucht. Ähnlich **kraftvoll**, selten.

**krank** mit Bakterien infiziert und dadurch nachteilig verändert; führt zur Bildung fremder Geruchs- und Geschmacksstoffe, zu Trübungen und Farbveränderungen. Nicht behandelte kranke Weine verderben und sind verloren. Gegensatz → *gesund.* **Krankenwein** Wein, für Kranke geeignet, dazu das Wortspiel *Frankenwein – Krankenwein.* Ähnlich → *Diabetikerwein.*

**kratzend** unangenehmer, an Essig oder Sauerkraut erinnernder Geruch, deutet auf → *Essig-* oder *Milchsäurestich.* **Krätzer** 1. säurereicher, geringer Wein, scherzhaft bereits im 18. Jh. ein saurer oder geschwefelter Wein, der den Hals rauh macht. → *Rachenputzer.* 2. durch Angären der Maische erzeugter Roséwein, in der Steiermark und in Tirol. **kratzig** sehr unangenehm mehr als rauh schmeckend, durch zuviel Gerbsäure oder Schwefel verursacht. Negativ für sehr unreife, ungepflegte oder unsachgemäß ausgebaute Weine; deutet auf beginnenden → *Essig-* oder *Milchsäurestich.* Stärker als → *bissig, herb, rauh.*

**Kreszenz** Wein (aus lat. *crescentia* ›Wachstum, Zunehmen‹), seit dem 19. Jh. *Creszenz* bes. ›Weinertrag‹, auf Preislisten für Spitzenweine. → *Gewächs, Hochgewächs, Wachstum.*

**kristallklar**, im 19. Jh. **kristallhell**, höchste Stufe der Klarheit. → *Schwarzglanz.*

**kuhnig** → *kahmig.*

**künstlich** verfälschend, beim Wein im 19. Jh. im Gegensatz zu *natürlich* zur Bezeichnung von Eigenschaften teilweise oder gänzlich unechter Weine. → *gekünstelt, geschmiert.* **Kunstwein** verfälschter oder gefälschter Wein; entweder Vortäuschung einer höheren Qualität durch Zusatz weinfremder Stoffe oder Herstellung eines Wein nachmachenden Getränks ohne Weinbestandteile.

**Kupferbruch** durch Berührung mit Kupfer verursachte Trübung, verstärkt sich unter Lichteinfall, verschwindet bei Dunkelheit, läßt sich durch Schönung beseitigen. → *Bruch, grauer Bruch.*

**kurz** ohne Nachgeschmack, negativ von Weinen, die auf der Vorderzunge wahrgenommen werden, sich aber beim Schlucken in nichts auflösen. Gegenteil → *Abgang, Schwanz,* vergleichbar bei Geruch → *flüchtig.*

# L

**Lackgeschmack** 1. unangenehmer, widerlicher Beigeschmack nach Lack; durch schlechten Kelterlack oder lackierten Korken verursacht; 2. Geschmack nach Siegellack, charakteristische Eigenart älterer Rheingauweine, dafür auch **Lackton**, auf Weinkarten für hochwertigen älteren Riesling aus dem Rheingau. → *Siegellackton.*

**laff** nichtssagend, fad (zu mundartl. *laff* ›geschmacklos, ungesalzen, schal‹, im 18. Jh. gemeinsprachl. *ein laffer Wein*, der ›kraftlos geworden‹ ist, ›seinen Geist verdunstet‹ hat). → *abgebaut, abgelebt, fad, passé, stumm.*

**Lagenton** typischer Geschmack nach dem Boden einer Weinbergslage, als Ausdruck der Eigenart sehr geschätzt. → *Bodenton.* **Lagenwein** Wein aus einer Einzellage; Qualität und charakteristischer Geschmack außer von Rebsorte, Lese und Ausbau wesentlich vom Boden, Kleinklima und Jahrgang bestimmt. Gegensatz → *Markenwein, Typenwein.*

**Lager** 1. Zeit, in der ein Wein gelagert wird und reift, auch *Faßlager, Flaschenlager*; 2. im 18. Jh. Bodensatz des Weins, *der Wein schmeckt, riecht nach dem Lager*; 3. Reife, *Art und Lager*, auf Preislisten gebraucht. → *Reife.* **Lagerbukett** zwischen dem ersten Abstich und der Flaschenabfüllung sich entwickelndes → *Bukett*, nach Traubensorte sowie Art und Größe des Gebindes verschieden. **Lagerreife** Entwicklungsstand nach dem Lager des Weins, auf Preislisten als Qualitätsmerkmal, selten gebraucht. **Lagerwein** Wein in großen Lagerfässern; bereits im 19. Jh. gebräuchlich.

**lahm** ohne Frische; bei jungen Weinen durch Behandlungsfehler verursacht, bei älteren Weinen Ergebnis der Alterung, auch aufgrund falscher Lagerung. → *fad, müde, platt, schal.*

**Landwein** im Land selbst angebauter Wein, im Gegensatz zu ausländischem Wein, bereits im 17. Jh. gebraucht. → *Tafelwein.*

**lang** 1. beim Verkosten lang anhaltend schmeckend, → *anhaltend, nachhaltig*; 2. dickflüssig, zäh, fadenartig lang vom Glas abfließend, dafür im 19. Jh. auch **langgeworden**. → *fett, lind, zäh.* **Langwerden** im 19. Jh. für Krankheit, die den Wein sirupartig werden läßt, bes. bei süßen und säurearmen Weinen. → *Lindwerden, Öligwerden, Zähwerden.*

**Lauer**, auch **Lauerwein** Tresterwein, auch verächtlich für alkoholarmen, schwachen Wein gebraucht; im 18. Jh. geringes Getränk für das Gesinde und die Arbeiter (im 10. Jh. von lat. *lora* ›mit Wasser aufgegossener Wein‹ entlehnt, ahd. *lûrâ*, mhd. *lûre*). → *Leirer, Nachwein.*

**lebendig** jugendlich, mit fruchtiger Säure und Kohlensäure; aufgrund dieser Eigenschaften von Weinfachleuten auch mit ›ausdrucksvoll‹ und ›belebend‹ gleichgesetzt. Auf Preislisten und Weinkarten für jüngere leichte Weiß- und Rotweine. Dafür auch **lebhaft**, → *anregend, frisch, munter.* Gegensatz **leblos**, → *abgelebt.*

**Leckerwein** wohlschmeckender Wein, *Leckerwein – Schleckerwein*; im 17. Jh.

**leer** extrakt-, säure- und kohlensäurearm; dünn, gehaltlos (bereits im 18. Jh. *es schmeckt so leer, so kraftlos* ›leer von nährender Kraft‹); von Weinen, deren Wassergehalt im Verhältnis zu den Geschmacksstoffen zu hoch ist. → *dünn, mager.*

**leicht** extrakt- und alkoholarm (zur bereits im 18. Jh. gemeinsprachl. Bedeutung ›von geringerem Grad der inneren Stärke‹, heute wie bei *leichte Speise, leichte Zigarette*); im 19. Jh. auch für Wein üblich, vor allem auf den Alkoholgehalt bezogen. Als positives Prädikat für bekömmliche Weine mittlerer Güte häufiger auf Weinkarten als auf Preislisten. → *dünn, gefällig, klein, süffig.*

**leimig** Geschmack nach Leim, Weinfehler bei gerbstoffarmen, durch Schleimausscheidungen getrübten Rotweinen. → Ähnlich *schleimig, seifig.*

**Leirer** Nachwein, → *Lauer.*

**Leitenwein** an einem Berghang gewachsener Wein, von höherer Qualität als der → *Talwein* (zu *Leite* ›Berghang, Abhang‹ wie in *Buschleite, Holzleite*). → *Bergwein.*

**lieblich** 1. säurearm mit wenig Extrakt und Alkohol, aber leichter Süße und schönem Bukett, insgesamt harmonisch, im 19. Jh. als gefällig bezeichnet (im 18. Jh. *lieblich* gemeinsprachl. ›was mit einem merklichen Grade des Vergnügens empfunden wird‹ wie in *lieblicher Geruch*); 2. mit betonter Süße, von kleinen bis normalen Weinen, jetzt weinrechtl. geregelte Angabe für Restzuckergehalt von 18g/l bis 45g/l. Fast nur für Weißweine, auf Preislisten für alle Güteklassen sehr häufig gebraucht, auf Weinkarten deutlich seltener und für mittlere Qualitäten. → *Damenwein.*

**Likör**, auch **Liqueur**, **Likörwein**, im 19. Jh. noch **Liqueurwein**, dicksaftiger, süßer Wein (zu frz. *liqueur*, im 18. Jh. ins Deutsche entlehnt, 1782 *Liqueur* für »die feinen mit verschiedenen Gewürzen und anderen Ingredienzien abgezogenen Brantweine oder Weine« gebraucht), für Weine mit sehr hoher → *Restsüße*, unabhängig vom Verfahren der Gewinnung. → *Essenz, Strohwein.*

**lind** dickflüssig, zäh (zu älterem und mundartl. *lind* ›weich anfühlend‹); **Lindwerden** durch Bakterien oder Schleimhefen verursachte Krankheit. → *Schleimigwerden, Zähwerden.*

**Lohgeschmack** Beigeschmack nach frischem Eichenholz (zu *Lohe* ›zum Gerben verwendete Baumrinde‹); schmeckt → *bitter, hart, rauh, stumpf*; durch Lagerung in mangelhaft weingrün gemachten Fässern verursachter Fehler. Weißweine und helle Rotweine mit Lohgeschmack sind gelblich-bräunlich verfärbt. → *Faßgeschmack, Holzgeschmack, Holzton, Rahnwerden.*

**Luftgeschmack** unangenehmer, schaler Beigeschmack nach Dörrobst; entsteht bei längerer Lagerung in nicht vollständig gefüllten Fässern. → *Brotgeschmack, Firngeschmack, Rahngeschmack, Sherryton.*
**luftsauer** im 19. Jh. für nach Moder oder Schimmel schmeckend; durch Luft im Faß und Schimmelbildung auf dem Wein verursacht, auch **Luftsäure**. → *dumpf, faßsauer, moderig-faul.*

**Luxuswein** im 19. Jh. für → *Edelwein, Jahrhundertwein, Nektarwein, Rarität, Spitzenwein.*

# M

**mächtig** extrakt- und alkoholreich (zu ›groß, von körperlicher Ausdehnung‹ wie bei fachsprachl. im Bergbau *mächtiger Flöz*). Ähnlich → *körperreich, wuchtig.*

**maderisiert** in Farbe und Geschmack an Madeira (Wein) erinnernd; verursacht durch Oxydation, betrifft Weiß- und Roséweine. → *rahn.*

**Magenwein** magenstärkender Wein. → *Diabetikerwein, Krankenwein.*

**mager** extrakt- und alkoholarm (zu gemeinsprachl. ›dünn, nicht fett; ärmlich, düftig, kärglich‹ wie bei *magerer Boden*); für kleine, dünne, ausdruckslose Weine gebraucht; im 19. Jh. für Wein mit → *Geist*, aber ohne *Körper*; *magerer Wein, der wenig Körper hat*, auch **Magerkeit.** → *dünn, leer, leicht.*

**Maischegeschmack** herber Beigeschmack aus Traubenstielen (zu mhd. *meisch*, nhd. *Maisch, Maische* ›zum Keltern bereitete Trauben‹); durch Gärbeginn des Leseguts vor der Kelterung entstandener Geschmacksfehler. → *Kammgeschmack, Rappengeschmack, Stielgeschmack.*

**mandelbitter** mit Anklang an Bittermandel schmeckend und riechend, bei guten Rotweinen und Pfälzer Auslesen positiv, sonst bei Weißweinen negativ. Auch **mandelig, Mandelton**, auf Preislisten selten gebraucht. → *Bittermandelgeruch, -geschmack.*

**mannbar** reif, trinkfertig (zu gemeinsprachl. ›reif, heiratsfähig‹ wie bei *mannbar werden, mannbare Jungfer*); weinsprachl. im 19. Jh., heute veraltet. → *abgelagert, abgelegen.* **Männertrunk**, auch **Männerwein** sehr säurebetonter, kleiner Wein (aus *Wein für (echte) Männer*); selten auf Preislisten und Weinkarten. → *Damenwein, harter Knochen, Herrenwein.*

**markant** mit deutlich hervortretenden, sich einprägenden Eigenschaften, bes. bei Säure, Bodengeschmack; als *markant* werden Weine empfunden, die → *kernig, kräftig, stahlig* sind; auf Preislisten und Weinkarten vorwiegend für Weißweine und mittlere Qualitäten gebraucht.

**Markenwein** Wein einer Marke mit annähernd immergleichem Geschmack, meist durch → *Verschnitt* hergestellt. → *Typenwein.*

**markig** extraktreich, kräftig, nachhaltig im → *Abgang*; auf Preislisten und Weinkarten für Weißwein, selten gebraucht.

**maskiert** Arteigenschaften durch andere Inhaltsstoffe überlagert und darum nicht wahrnehmbar. → *verdeckt.*

**mastig** im Übermaß extraktreich (zu älterem *mastig* ›fett‹ von *Mast* ›Mästen von Tieren‹); selten.

**matt** ohne Frische und Bukett (zu gemeinsprachl. *matt* ›erschöpft, müde, kraftlos, schwach‹ aus altfrz. *mat* ›kraftlos‹); bei jungen Weinen durch Behandlungsfehler wie Sauerstoffzufuhr verursacht, bei älteren Weinen als Ergebnis der Alterung. → *abgelebt, lahm, müde, platt, schal.*

**Maul voll Wein** extraktreicher, vollmundiger Wein; auch **tapeziert das Maul**, vorwiegend mündlich gebraucht. → *vollmundig.*

**Mäuselgeschmack** widerlicher Beigeschmack, auch **Mäuseln** sehr unangenehmer Geruch und Geschmack nach Mäuseexkrementen (zu *Maus* wie jägersprachl. *mäuseln* ›die Laute der Mäuse nachahmen‹); auch **mäuselnd, mäuselkrank**; Fehler, der ein Verkehrsverbot des Weins zur Folge hat; *mäuselnde* Weine sind kaum noch anderweitig zu verwerten.

**Medizingeschmack** unangenehmer Beigeschmack nach Jodoform (zu gemeinsprachl. *Medizin* ›Arznei‹); Fehler in Geschmack und Geruch aufgrund von faulem Lesegut oder durch Mängel in der Kellertechnik.

**Meßwein** Wein zur Verwendung in der kath. Messe nach den Anforderungen der Meßweinverordnung. Als Meßwein sind alle → *Qualitätsweine* und *Prädikatsweine* zugelassen. Ähnlich für den evangelischen Gottesdienst → *Abendmahlswein.*

**Metallgeschmack** unangenehmer Beigeschmack nach Metall, auch **metallisch**; verursacht durch Kontakt von Maische, Most oder Wein mit Metallen (Eisen, Zink, Kupfer, Aluminium), vor allem bei Weißwein, macht den Wein → *hart, rauh, stumpf.*

**milchig** milchfarben trüb; von Weinen, die noch → *hefig* sind. → *federweiß, milchweiß.* **Milchsäurestich** unangenehmer süßlichsäuerlicher, kratzender Geschmack und Geruch nach Sauerkraut (zu gemeinsprachl. *einen Stich haben* ›säuerlich schmecken, anfangen sauer zu werden‹, im 18. Jh. von Wein und Bier, heute bes. von Milch), auch **milchsäurestichig** unangenehm nach Milchsäure riechend; durch bakteriellen Säureabbau verursachter Fehler, oft mit → *Essigstich* verbunden; Wein mit *Milchsäurestich* ist nicht verkehrsfähig und ungenießbar. → *Zicken.* **milchweiß** milchfarben trüb (wie gemeinsprachl. ›weiß mit einem kleinen Stich ins Bläuliche‹); im 19. Jh. von *milchigen* Weinen. Ähnlich → *federweiß, milchig.*

**mild** säurearm, reif und harmonisch; bei Weinen heute oft für ›durch Süße geschmacklich gemildert‹ gebraucht, daher auch mit der Bedeutung ›leicht süß‹ oder ›süß‹; zugelassene Geschmacksangabe bei Schaumwein mit einem Restzuckergehalt von mehr als 50g/l. Häufig auf Preislisten und Weinkarten positiv für mittlere Qualitäten aller Rebsorten. Zur Steigerung auf Weinkarten auch **Milde**, selten.

**mißfarben** Weißweinfarbe, kräftiger als *braun.* **mißfarbig** farblich fehlerhaft; bei Rotwein für ›farblich unklar, schmierig‹; bei Weißwein für ›von zu starker Farbe‹. → *hochfarbig, rahn.*

**Mistböckser** Geruch und Geschmack nach Kuhmist (zu weinsprachl. → *Böckser*), auch **Mistton** unangenehmer Geruch nach Mist; verursacht durch Düngung des Weinbergs mit nicht genügend gelagertem Mist, Überdüngung oder zu späte Düngung.

**moderig-faul** nach Moder oder Schimmel schmeckend; im 19. Jh. für durch Luft im Faß und Schimmelbildung auf dem Wein verursachten Geschmack. Ähnlich → *dumpf, faßsauer, luftsauer.*

**mollig** vorwiegend für Rotweine gegensätzlichen Charakters, 1. extrakt- und alkoholreich (auch von Weißweinen), 2. extrakt- und säurearm, 3. alkohol- und säurearm; im 19. Jh. außerdem 4. weich und 5. nicht ganz hell oder flacker, mit schwebendem Gerbstoff (zu gemeinsprachl. ›weich, vollschlank, bes. von Frauen‹, ›warm, von Zimmern‹, vielleicht von frühnhd. *mollicht* ›weich, locker‹ mit Einfluß von lat. *mollis* ›weich, zärtlich‹). Im 19. Jh. auch **Molligkeit** im Gegensatz zu → *Magerkeit.* Ähnlich → *füllig.*

**Möselchen** feiner, leichter Moselwein, mundartl. an der Mosel *e leicht Muselche* ›leichter Moselwein‹ (dort auch weiter übertr. *Muselchen machen* ›Bächlein machen‹, von Kindern). → *Tröpfchen, Weinchen.*

**Most** Saft der Weintrauben (im 8. Jh. aus lat. *mustum (vinum)* ›junger (Wein)‹ ins Deutsche entlehnt). Zu Beginn des 20. Jh.s wurden unterschieden: der ohne Druck freiwillig abfließende edelste Most, in Österreich und Ungarn als → *Essenz* bezeichnet; der mit geringem Druck gekelterte → *Preßmost* aus den reifen Beeren; der saurere → *Trestermost*, für den mit steigendem Druck auch unreife Beeren ausgepreßt werden. Der gärende Most wird zu Anfang → *Bitzler, Vitzler* genannt, während der stürmischen Gärung → *Brauser, Bremser, Sturm* und danach → *Federweißer.* **mostig** nach Traubenmost schmeckend, von jungen Weinen mit viel unvergorenem Zucker oder Weinen, denen unvergorener Traubenmost als Süßreserve zugesetzt wurde; auch von Weinen, bei denen die Gärung durch kellertechnische Maßnahmen zum Erhalt der Süße unterbrochen wurde; bei *mostigen* Weinen fehlt der → *weinige* Charakter. **mostigsüß** mit Mostgeschmack durch Zusatz von → *Süßreserve*, gilt als Fehler. **mostrot** im 19. Jh. Farbwort für Rotwein. **mostsüß** mit unzersetztem Zucker aufgrund unterbrochener Gärung. **Mostwein** im 19. Jh. für Wein aus abgebeerten Trauben.

**moussierend** schäumend (zu gemeinsprachl. ›schäumen, brausen, aufbrausen‹ von frz. *mousser*); verweist auf (zu) hohen Gehalt der notwendigen Kohlensäure im → *Stillwein*, tritt bei Jungweinen und bei fehlerhafter Füllung auf. Die im → *Perlwein* und *Schaumwein* gebundene Kohlensäure *moussiert* nach dem Öffnen. Ähnlich → *bitzelnd, perlend, prickelnd.*

**müde** altgeworden, ohne Frische, dafür mit → *Firne* (übertr. von gemeinsprachl. ›der Kräfte beraubt, erschöpft‹); von älteren Weinen als Ergebnis der Alterung. Ähnlich → *matt.*

**Muffeln** unangenehmer, muffiger Schimmelgeschmack (zu *Muff* ›Schimmel, modriger Geruch‹); auch **muffig** und **muffig-dumpf**; Fehler in Geschmack und Geruch, verursacht durch Schimmel im

Faß oder auf dem Korken, auch durch faules Lesegut. → *dumpf, Faulser, schimmelig.*

**mundend** weinsprachl. im 19. Jh. für → *angenehm* (zu gemeinsprachl. *munden* ›schmecken‹, seit dem 17. Jh.), → *delikat.* **mundfertig** im 19. Jh. für → *genußreif.* **mundig** ansprechend, auf Preislisten und Weinkarten für mittlere Qualitäten.

**munter** gut, von bitzelndem Geschmack; im 19. Jh. gebraucht; ähnlich → *lebendig, lebhaft.*

**Musik** Reichhaltigkeit und Zusammenklang verschiedener Duft- und Geschmacksnuancen. → *Harmonie, Spiel, Ton.*

**Muskatbukett** mit Anklang an Muskatnuß riechend; auch **Muskatton, Muskatwein**, typisch für Muskatellerwein, daher auch **Muskatellerton**. Auf Preislisten und Weinkarten selten, meist attribuiert wie bei *zartes Muskatbukett, unaufdringlicher Muskatton, edeler Muskatwein, voller Muskatellerton.* → *Ton.*

**Mutterwein** im 17. Jh. für im Faß liegenden, noch nicht abgezapften Wein (zu *Mutter* ›Hefe‹ wie in *Essigmutter*); *der Wein liegt noch auf der Mutter.* → *Hefenwein.*

# N

**nachgärend** die unterbrochene Gärung fortsetzend; bezieht sich auf zwei Arten der **Nachgärung**. Positiv als zweite Phase der Faßgärung, negativ bei unsauber abgefüllten Weinen mit unvergorenem Zuckerrest. Solche Weine werden → *trüb* und nehmen einen → *scharfen* Geschmack an. → *nachgetrübt.*

**Nachgeschmack** bleibender Geschmackseindruck, der sich bes. in den hinteren Mundpartien einstellt; viel Nachgeschmack gilt beim Wein als besonderes Qualitätsmerkmal. → *Abgang, Nachhall, nachhaltig, Schwanz.*

**nachgetrübt** nachträglich trüb geworden; durch Erschütterung, stärkere Temperaturschwankung oder Nachgärung verursachter Fehler. → *nachgärend, Nachtrübung, trüb.*

**Nachhall** Nachgeschmack, der sich beim Schlucken einstellt (übertr. von gemeinsprachl. ›Nachklingen eines Tons‹); *langer Nachhall* gilt als besonderes Qualitätsmerkmal. → *Nachgeschmack, nachhaltig.*

**nachhaltig** ausgeprägt, mit deutlich wahrnehmbaren und geschmacklich länger wirkenden Inhaltsstoffen; häufig auf Preislisten und Weinkarten, vorwiegend für Weißweine verschiedener Rebsorten und Güteklassen. Dazu die Rückbildung **Nachhalt**, selten. → *Abgang, Nachgeschmack, Nachhall, Schwanz.*

**nachreifend** die organischen Stoffe und Säuren im Faß ausstoßend, im 19. Jh. gebraucht.

**Nachtrübung** Trübung des abgefüllten Flaschenweins; durch Erschütterung, stärkere Temperaturschwankung oder Nachgärung verursachter Fehler. → *nachgärend, nachgetrübt.*

**Nachwein** Tresterwein. Nach dem Abpressen der Trauben verbleiben wertvolle Bestandteile der Beeren auf der Kelter. Sie wurden früher mit Wasser aufgefüllt und abermals ausgepreßt. Der daraus hergestellte Wein wurde als → *Haustrunk* verbraucht, für den es in den Mundarten viele verschiedene Bezeichnungen gab. Die Herstellung ist heute verboten. Klangvolle und kulturell wertvolle Bezeichnungen wie → *Fluppes, Lauer, Leirer* geraten dadurch in Vergessenheit. Ähnlich → *Treberwein, Tresterwein.*

**nackt** durch unsachgemäße Behandlung seiner Weineigenschaften entkleidet; verursacht durch zahlreiche Arten unsachgemäßer Behandlung wie zu häufiges Filtrieren; ein *nackter* Wein kann seine ursprünglichen Anlagen nicht mehr zeigen. → *ausgezogen, nichts mehr dran.*

**Nase** Duft (übertr. wie jägersprachl. ›Geruch‹ in *ein Hund verliert die Nase, bekommt die Nase wieder*); Wein *ohne Nase* ›ohne Bukett‹, *gute Nase* ›mit angenehm hervortretenden Bukettstoffen‹; *feine Nase* und *schöne Nase* sind hohes Lob. Auf Preislisten und Weinkarten selten. → *Blume, Bukett, Duft.*

**natur, naturrein** ohne Zusatz von Alkohol, Zucker oder Zuckerlösung. **natursüß, Natursüße** Restsüße in Wein, der ohne Zusatz von Alkohol, Zucker oder Zuckerlösung gewonnen wurde; auf Preislisten und Weinkarten für Weißweine von hoher und höchster Qualität. **Naturwein** ohne Zusatz von Alkohol, Zucker oder Zuckerlösung erzeugter Wein; seit der Neuregelung des Weinrechts 1971 als Bezeichnung nicht mehr zulässig und durch *Qualitätswein mit Prädikat* ersetzt. → *Prädikatswein.*

**Nebenton** → *Ton.*

**Nektarwein** Wein aus bestem Jahrgang und in höchster Vollendung (zu griech. *néktar* ›Göttertrank, Götterwein‹, übertr. gemeinsprachl. ›köstliches, erquickendes Getränk‹); im 19. Jh. Bezeichnung eines Spitzenweins, heute ungebräuchlich und durch Verwendung des Wortes *Nektar* für mit Wasser verdünnten Fruchtsaft abgewertet. → *Jahrhundertwein, Luxuswein, Rarität, Spitzenwein.*

**Nerv** Kern, Rückgrat (zu gemeinsprachl. wie noch im 19. Jh. ›Sitz der Kraft, Spannkraft‹, dann ›Kraft, Kräftigkeit‹, schließlich ›dasjenige, worauf die Kraft beruht‹); von einem kräftigen, harmonischen, extrakt- und säurereichen Wein, der sehr haltbar und unverwüstlich ist; oft für Riesling. Dazu das häufiger gebrauchte **nervig**, wie *Nerv* auf Preislisten und Weinkarten fast ausschließlich für Weißweine gehobener Qualität. → *Kern, Rückgrat.*

**nett** klein, sauber, ohne besondere Eigenschaften; von farbschwachen, alkohol- und extraktarmen kleinen Weinen gebraucht, die jedoch harmonisch und ohne Fehler sind. → *angenehm, gefällig.*

**Neuerl** österreichisch für Holzgeschmack (zu *neu*, zur Wortbildung → *Altel*); durch Verwendung von Fässern verursacht, die nicht ausreichend weingrün gemacht wurden. → *Holzton.*

**Neuer**, auch **Neuer Wein** 1. Federweißer, 2. Wein des letzten Jahrgangs. **Der Neue**, weinrechtl. Bezeichnung für jungen Landwein; darf ab 1. November des Jahres verkauft werden, in dem der Wein gewachsen ist. → *Federweißer, Jungwein.*

**neutral** 1. ohne hervorstechende Eigenschaft, 2. zu wenig Frucht enthaltend; von Weinen, die sich gut als Sektgrundwein und zum Verschnitt eignen. Selten auf Preislisten für kleine Weißweine.

**nichts mehr dran** durch unsachgemäße Behandlung seiner Weineigenschaften entkleidet; durch zahlreiche Arten unsachgemäßer Behandlung wie zu häufiges Filtrieren verursacht; ein Wein, an dem *nichts mehr dran* ist, hat einen Großteil seiner Geruchs- und Geschmacksstoffe eingebüßt. → *ausgezogen, nackt.*

**Nikotingeschmack** fremdartiger, unangenehmer Beigeschmack nach Nikotin; durch unsachgemäße Spritzung der Trauben im Weinberg (Tabakextrakt mit Schmierseife) verursacht.

**nobel** von eleganter, feiner und harmonischer Art; von sehr gepflegten Weinen mit ausgewogenen, feinen Geschmacks- und Geruchsnuancen. → *adelig, edel, vornehm.*

**normal** fehlerfrei.

**Nußgeschmack** mit Anklang an Walnüsse und Haselnüsse; bei guten alten Weinen, bes. bei Sherry. **nussig** auf charakteristische Art nach Nüssen duftend; von Rotweinen.

# O

**obstig** 1. nach Obst riechend, von gärendem Most; 2. nach Obst schmeckend, von Jungweinen (gemeinsprachl. ungebräuchliche Ableitung von *Obst*, doch küchensprachl. bei Hefe gebraucht). Zur Wortbildung → *weinig*.

**ölig** dickflüssig und goldgelb wie Öl; Eigenschaft großer Weißweine mit hohem Extraktgehalt, erkennbar an Schlieren an den Weinglaswänden. → *Kirchenfenster*. **Öligwerden** im 19. Jh. für Krankheit, die den Wein dickflüssig werden läßt, bes. bei süßen und säurearmen Weinen. → *Fadigwerden, Lindwerden, Weichwerden, Zähwerden*.

**oxydiert** ohne Frische, meist → *hochfarbig* (von *oxydieren* ›sich mit Sauerstoff verbinden‹); Mangel, bes. von Weißwein, durch erhöhte Sauerstoffzufuhr verursacht, hat Verlust der Lagerfähigkeit zur Folge; Vorstufe des → *Rahnwerdens*.

# P

**Papiergeschmack** Beigeschmack nach Filtriermaterial; durch unzureichende Reinigung des Filters entstandener Fehler; betrifft vor allem die ersten Flaschen der Füllung. → *Filtergeschmack.*

**pappig** übersüß bei zu geringer Säure, mit klebrigem Nachgeschmack (zu gemeinsprachl. ›breiig, klebrig‹ von *Papp* ›dicker Brei, klebrige Masse‹); auch **pappsüß, pappigsüß**, von Weinen mit zu geringem Weinsäuregehalt, die dadurch → *ausdruckslos* und ohne → *weinige* Art sind. Ähnlich → *plump.*

**parfümiert** aufdringlich, artfremd duftend; von Weinen, deren Sortencharakter aufgrund von Überreife und Edelfäule überdeckt wird; außerdem von Bukettsorten wie Gewürztraminer, Morio-Muskat oder Müller-Thurgau bei zu intensivem Duft. *Parfümierte* Weine werden sowohl positiv als auch negativ beurteilt.

**Partywein** süffiger, kleiner Wein; die Bezeichnung auf Preislisten selten.

**passé** ohne ehemals vorhandene wertvolle Inhaltsstoffe, nicht mehr trinkbar; von Weinen am Ende ihrer Entwicklung. → *abgelebt, hinüber, tot.*

**Pechgeschmack** unangenehmer, bitterer Beigeschmack nach Pech; Geschmacksfehler, entstanden durch Lagerung in Fässern, die mit Pech oder pechartigen Mitteln geschützt und unvollständig gereinigt worden sind.

**Pelz** weißgraue Haut auf Faßwein (ahd. *pelliz* von lat. *pellis* ›Haut‹, davon noch im 18. Jh. *Pelz* ›dicker Schimmel‹, ›dicke Sahne‹ und ›Haut auf der Milch‹); durch Kahmhefen verursachte Krankheit, beeinträchtigt Geruch und Geschmack. → *kahmig, Kahmgeschmack, Schmand.*

**perlend** beim Einschenken ins Glas kleine Kohlensäurebläschen entwickelnd; kommt bei jungen Weinen, bei Säureabbau und infolge einer Krankheit vor, außerdem bei Perlweinen. → *spritzig.* **Perlwein** durch zugesetzte Kohlensäure schäumender Wein; die Herstellung ist weinrechtl. geregelt. → *moussierend, schäumend.*

**Petroleumgeschmack** widerlicher Beigeschmack nach Petroleum; durch zufällige Berührung des Traubenguts oder Weins mit Petroleum verursachter Geschmacksfehler, auch durch Petroleumdämpfe im Keller oder verunreinigte Flaschen. → *Benzingeschmack.*

**Pfiff** besonderer Reiz (*Pfiff* von *pfeifen*, im 18. Jh. negativ ›Trick‹, im 20. Jh. positiv ›Clou‹); auf Preislisten und Weinkarten in Formulierungen wie *Wein mit Pfiff, Rasse mit Pfiff* oder *Saft und Pfiff.*

**Pflanzenschutzmittelgeschmack** eigenartiger Beigeschmack, als Faulton, Schimmelton, metallischer Geschmack auftretend; resultiert aus unsachgemäßer Anwendung von Mitteln zur Pilzbekämpfung im Weinberg.

**pikant** angenehm die Zunge reizend (zu gemeinsprachl. ›stechend, prickelnd, starkreizend, ätzend, spritzig, stichelnd, treffend‹); aufgrund einer feinen, fruchtigen Säure oder durch Kohlensäure; von eleganten, mittelschweren Weinen von mittlerer und guter Qualität; im 19. Jh. auch auf → *Spiel* zwischen Süße und Säure bezogen. Auf Preislisten sehr häufig, auf Weinkarten häufig verwendet, überwiegend für Riesling aller Qualitätsstufen. → *frisch, lebendig.*

**platt** ohne Frische; von älteren Weinen als Ergebnis der Alterung. → *abgelebt, lahm, matt, müde, schal.*

**plump** zu alkohol- und/oder extraktreich bei zu geringer Säure; von unharmonischen, schweren Weinen ohne → *Charakter* und *Eleganz* und mit Mangel an Saftigkeit; *plumpe* Weine finden sich häufiger in überreifen Jahrgängen wie 1949 und 1959. Ähnlich → *pappig.*
**plumpsüß** unharmonisch süß; Qualitätsmangel durch unsachgemäße Beigabe von → *Süßreserve.* Ähnlich → *mostigsüß.*

**Pokalwein** süffiger, kleiner Wein; wird in Gaststätten glasweise ausgeschenkt. → *Ausschankwein, Schoppenwein.*

**Prädikatswein** umgangssprachl. für den weinrechtl. Begriff »Qualitätswein mit Prädikat«, darf nur aus ungezuckerten Mosten und unter Beachtung weiterer Vorschriften erzeugt werden. Das Prädikat muß mit angegeben werden: → *Kabinett, Spätlese, Auslese, Beerenauslese* und *Trockenbeerenauslese*, zusätzlich auch *Eiswein.* Andere Güteklassen sind → *Landwein, Qualitätswein, Tafelwein.*

**Preßmost** mit geringem Preßdruck aus reifen Beeren gekelterter Most, schwächer als → *Essenz*, gehaltvoller als → *Trestermost.* Ähnlich *Vorlaufwein.*

**prickelnd** leicht moussierend; durch hohen Kohlensäuregehalt im Wein verursacht, tritt bei Jungweinen, fehlerhafter Füllung, Nachgärung und Säureabbau auf. → *moussierend, perlend, spritzig*, bei gärendem Most → *bitzelnd.*

**probiert sich nicht** nicht probierfähig (weinsprachl. feste Fügung); von Weinen, die bei einer Weinprobe ihre Art und ihren Charakter nicht zeigen; häufig nach Abstich, Filtration oder Transport sowie bei falscher Temperatur. → *gestört.*

**purpur** Farbe edler Rotweine zwischen *gedecktrot* und *schwarzrot*, gleichbedeutend mit *blaurot*, auch **purpurfarben** sattrot, ins Blaue spielend (zu gemeinsprachl. *Purpur* ›kostbarste hochrote Farbe‹, im Altertum aus dem Saft der Purpurschnecke gewonnen).

## Q

**Qualitätswein**, umgangssprachl. für den weinrechtl. Begriff »Qualitätswein bestimmter Anbaugebiete«, abgekürzt Q.b.A. Andere Güteklassen sind → *Landwein, Prädikatswein, Tafelwein.*

# R

**Rachenputzer** sehr säurereicher, geringwertiger Wein (gemeinsprachl. bereits im 19. Jh. ›saurer Wein, der den Schleim im Rachen auflöst‹, heute scherzhaft auch ›sehr scharfer Schnaps‹). → *Krätzer, Strümpfestopfer.*

**rack** alt und trocken (zu mundartl. *rack* ›steif vor Kälte, Müdigkeit, Hitze, Krankheit; übermüdet, matt‹ von mhd. *rac, rach* ›straff, steif‹); selten.

**Raffinesse** ›höchste Feinheit‹ (gemeinsprachl. auch für ›erlesener Geschmack‹, im 18. Jh. französisierend zu frz. *raffiner* ›verfeinern, läutern‹ gebildet; davon *raffiniert* ›verfeinert, gereinigt‹); auf Preislisten und Weinkarten für größte edelsüße Weißweine, auch **raffiniert**. → *Finesse, finessenreich.*

**rahn** bräunlich oder rötlich verfärbt, mit eigenartigem, an Dörrobst, frisches Brot oder Südweine erinnernden Geschmack und Geruch, auch **rahnig, rohnig** (weinsprachl. und mundartl. als *rahn, ran, rohn* bekannt, vielleicht von *rinnen* abgeleitet; nicht zu gemeinsprachl. *rahn* ›rank‹ von mhd. *rân*); betrifft Weiß- und Roséweine. Moste und junge Weine können *rahn* werden, wenn sie ungenügend geschwefelt sind und mit Luft in Berührung kommen; der Vorgang wird **Rahnwerden**, das Ergebnis **Rahnsein** genannt. Verfärbung bei Mosten ins Braunrote, bei Weißweinen ins Gelbrötliche, bei Roséweinen ins Bräunliche. Der **Rahngeschmack** erinnert an Madeira. → *Braunsein, Firngeschmack, hochfarbig, maderisiert, oxydiert.*

**Rampes** schlechter, saurer Wein, auch unreife Traube (vermutl. zu *Rappen* ›Traubenstiele‹); mundartl. verbreitet. → *Rappengeschmack, Rappes.*

**ranzig** an ranziges Fett erinnernder Geruch und Geschmack; betrifft bes. alkohol-, extrakt- und säurearme Weine, die aufgrund von Luftzufuhr → *kahmig* geworden sind; kann auch durch ranzigen Faßtalg bei der Abdichtung von Fässern verursacht werden. → *Unschlittgeschmack.*

**Rappengeschmack**, auch *rappiger Geschmack*, bitterer herber Beigeschmack aus Traubenstielen (zu spätmhd. *rappe*, nhd. *Rappe*, *Rapp* ›Traubenkamm‹ aus frz. *râpe*), Fehler in Geschmack und Geruch, an unreife grüne Traubenkämme erinnernd, verursacht durch unsachgemäßes oder mangelhaftes Entrappen der Trauben vor der Kelterung. Weine mit Rappengeschmack werden **rappig** oder **rappsig** genannt. → *Kammgeschmack.* **Rappes** Nachwein (vermutl. zu *Rappen* ›Traubenstiele‹), veraltet. → *Rampes.*

**Rarität** wie gemeinsprachl. Seltenheit; auf Preislisten und Weinkarten für Weine höchster Qualität wie → *Beerenauslesen* und *Trockenbeerenauslesen* gebraucht. Ähnlich → *Jahrhundertwein, Luxuswein, Nektarwein, Spitzenwein.*

**Rasse** von ausgeprägter Eigenart mit deutlicher, harmonisch eingebundener Säure; auch **rassig**; überwiegend für Riesling und Weine mit ähnlichem Charakter, die einen mittleren Alkoholgehalt, feine Frucht, feinen Duft und Kohlensäuregehalt in eleganter Weise verbinden. Von manchen Weinfachleuten wird *Rasse* wie in der Gemeinsprache auch mit → *Art* gleichgesetzt. Auf Preislisten und Weinkarten werden *Rasse* und *rassig* nur für frische Weine mit merklicher Säure gebraucht, dabei *rassig* deutlich mehr als *Rasse.* Ähnlich → *bissig, feinrassig, herb, herzhaft.*

**Rauchgeschmack** nach Rauch schmeckend, auch **Rauchgeruch**; früher verursacht durch die Lage eines Weinbergs an einer Eisenbahnstrecke, die mit Dampflokomotiven befahren wurde, auch durch Fabrikschlote oder Heizung der Gärkeller mit Festbrennstoffen. Auch als **rauchig**, im 19. Jh. als **rauchsig** bezeichnet. In geringem Maße als Eigenart geschätzt, sonst Fehler, der sich im Alter und bei Erwärmung des Weins stärker zeigt. Leicht *rauchige* Weine kommen in trockenen Jahren von leichten, durchlässigen Muschelkalk-, Kies- und Sandböden. **Räuchseln** durch Bakterienbefall verursachte Weinkrankheit.

**rauh** von sehr kratzigem Geschmack (bereits im 18. Jh. mundartl. ›herb‹: *ein rauher Wein*); im 19. Jh. umschrieben mit ›hart, unvollständig abgegoren‹; durch zuviel Gerbsäure oder Überschwefelung verursacht. Kommt bei der Verarbeitung unreifer Trauben und bei mangelhaft weingrün gemachten Fässern vor. Das **Rauhsein** ist ein Charakteristikum unreifer Jahrgänge. → *hart, herb, kratzig.*

**Rauscher** gärender Most, der bereits Kohlensäure enthält (im 18. Jh. regional *der Most rauschet* ›gärt‹, auch *jemanden in Weine berauschen* ›ein wenig trunken machen‹). Ähnlich → *Brauser, Bremser, Sauser, Sturm.*

**rebrecht** unverfälscht, im 19. Jh. *rebrechter Wein*, wie er von den Reben kommt. Ähnlich → *naturrein, rein*, Gegensatz → *gekünstelt, geschmiert, verschnitten.*

**reich** von großer Fülle, mit allen die Qualität bestimmenden Eigenschaften versehen; in vielen Weinlexika aufgeführt, kommt auf Preislisten und Weinkarten fast nicht vor.

**reif** voll entwickelt, zur Vollkommenheit gelangt; mit folgenden Einzelbedeutungen: 1. ausgereift, von höchstem Zuckergehalt (von

Trauben im Weinberg), *reifes Lesegut*; 2. Weine von höchster Qualität erbringend, *reifer Jahrgang*; 3. fertig zur Weiterbehandlung, *abfüllreif, abstichreif, schönungsreif, verkaufsreif*; 4. auf dem Höhepunkt des Entwicklungsstadiums, *faßreif, flaschenreif, genußreif*; 5. von vollkommener Entwicklung aller Bestandteile (von Weinen), *reifer Wein*, hierfür auch **Reife**. Nach der Häufigkeit werden *reif* und *Reife* auf Preislisten für jeden achten Wein, auf Weinkarten für jeden fünften Wein gebraucht und stehen insgesamt an dritter Stelle aller Weinwörter. Auf Preislisten werden *reif* und *Reife* gleich häufig gebraucht, auf Weinkarten erscheint *Reife* doppelt so häufig wie *reif*. **Reifebukett** Bukett als Zeichen des Entwicklungshöhepunkts im Faß oder sonstigem Gebinde; wird durch Geruchsprobe festgestellt und hat Flaschenfüllung zur Folge. **Reifefirne** Alterston; Entstehung sekundärer Bukett- und Aromastoffe in Stadien von leichter bis starker → *Edelfirne* über die → *Überreife* bis zur *Altersfirne*. Im Anfangsstadium eine früher hochgeschätzte Patina des Weins. **Reifesüße** Edelsüße, nur bei → *Edelreife* der Trauben gebildet. Für große Auslesen, Beerenauslesen und Trockenbeerenauslesen ist das → *Spiel* zwischen → *Edelfäuleton* und *Reifesüße* charakteristisch. Ähnlich → *Botrytiston*.

**rein** 1. ohne störenden Beigeschmack, in Geruch und Geschmack einwandfrei; im 18. Jh. *reiner Wein* ›von allem Zusatz, von allem geringerem Zusatz frei‹, *jemandem reinen Wein einschenken* ›ihm die Wahrheit ohne allen fremden Zusatz sagen‹. → *sauber*; 2. aus ungezuckertem Most erzeugt, dafür im 19. Jh. *natürlich*, im 20. Jh. bis 1970 → *naturrein*. **reingärig** reintönig, schon im 19. Jh. für Wein, bei dem keine Nebengärungen den Geruch oder Geschmack beeinträchtigt haben. → *Naturwein*. **reinsortig** aus reinem Satz gekeltert, nur aus einer Rebsorte hergestellt, im Gegensatz zu Wein aus gemischtem Satz (Anbau). Gleichbedeutend → *einfach*. **reintönig** wie *rein, reingärig*. Obwohl diese Eigenschaft für jeden Wein gelten sollte, wird sie dennoch gelegentlich auf Weinkarten angeführt. Sie bedeutet dann → *sauber*.

**Reißer**, auch **Risser** gärender Most mit prickelndem Geschmack (zu *reißen* ›prickeln‹, vom gärenden Most), mundartl. verbreitet. → *Brauser, Rauscher, Sturm.*

**Repsen** im 19. Jh. Geschmack nach Traubenkämmen (zu *Rappen* ›Traubenstiele‹), Weinfehler, → *Rappengeschmack.* **repsig** gerbstoffhaltig, → *rappig, rappsig.*

**resch** frisch, säurereich (im 18. Jh. im Oberdeutschen *räsch, räß* ›scharf‹ in *räsch sein, schmecken*; ein *räscher* oder *rässer Wein*, der »auf der Zunge gleichsam reißet oder kratzet«, auch von Obst und Kräutern; mhd. *rösch(e), rosch* ›schnell, frisch, spröde‹); österreichisch.

**Restsüße** unvergorener Trauben- und Fruchtzucker im Wein; natürliche Restsüße entsteht bei hochwertigen → *Auslesen, Beerenauslesen* und *Trockenbeerenauslesen*, wenn die Gärung zum Erliegen kommt; dies kann auch durch kellertechnische Maßnahmen herbeigeführt werden, → *gestoppt*; *Restsüße* wird auch durch Beigabe unvergorenen Traubenmosts als → *Süßreserve* erzeugt. Man spricht dann von *dienender Süße.* Auf Preislisten und Weinkarten positiv wertend, bes. bei Spätlesen von Weißweinen verwendet.

**rezent** erfrischend (aus spätlat. *recens*, vielleicht über die Apothekersprache entlehnt); als *rezent* gelten → *volle, kräftige, kernige* Weine mit ausreichender Säure und vor allem Kohlensäure. Auf Preislisten für kleine und mittlere Weißweine, auf Weinkarten auch für edelsüße Auslesen verwendet. → *frisch.*

**rohnig** → *rahnig.*

**roséfarben** Roséweinfarbe zwischen *schillerfarben* und *ziegelrot.* **Roséwein** blaßroter Wein aus Rotweintrauben, die wie Weißwein gekeltert wurden. → *Rotling, Rotwein, Schillerwein, Weißherbst.*

**Rosinenton** Geschmack nach Trockenbeeren. → *Beerenton.* **Rosinenwein** im 19. Jh. für → *Trockenbeerenauslese.* → *Beerwein, Essenzwein, Mostwein, Strohwein.*

**rostig** mißfarbig rötlich-braun (zu *Rost* ›Eisenoxyd‹); Weinfehler, betrifft erfrorene unausgereifte Trauben, fast immer mit → *Frostgeschmack* verbunden. In reifen Jahrgängen auch bei Traminer und Ruländer, wird durch Fehler bei der Behandlung des Leseguts und der Maische begünstigt. → *mißfarbig.*

**Rotling** blaß- bis hellroter Wein aus weißen und roten Trauben, aus gemischtem Rebsatz, gemeinsamer Kelterung oder einem Verschnitt der Maische. Ein Verschnitt von fertigem Weiß- und Rotwein ist unzulässig. → *Schillerwein.*

**Rotspon** Rotwein aus dem Faß. → *Spanwein.*

**rotstichig** von leicht rötlicher Farbe; bei Weinen aus gemischtem Satz (Anbau) von Rotwein- und Weißweintrauben, → *Rotling, Schillerwein*; als Fehler bei Weißwein, der im Rotweinfaß gelagert worden ist.

**Rotwein** Wein ausschließlich aus Rotweintrauben mit typischer Rotweinfarbe und Gerbstoffgehalt; der Farbstoff wird durch Maischegärung aus Beerenhülsen gewonnen. Weine aus Weißweintrauben mit rötlicher Farbe wie roter Elbling dürfen in Deutschland weder als Roséwein noch als Rotwein bezeichnet werden. → *Roséwein, Rotling, Schillerwein, Weißherbst.*

**rubin**, auch **rubinfarben, rubinrot** Farbe edler Rotweine zwischen *ziegelrot* und *feurigrot* (von der Farbe des nach dem Diamanten härtesten und kostbarsten Edelsteins, bes. des schönsten, glühender Kohle gleichenden Almadin oder Karfunkel).

**Rückgrat**, von harmonischen, alkohol- und extraktreichen Weinen mit kerniger Säure, deren Inhaltsstoffe deutlich hervortreten; meist mit guter Haltbarkeit verbunden. → *Kern, Nerv.*

**rückschreitend** nach Verlust der Kohlensäure auffallend → *matt* geworden, im 19. Jh. gebraucht.

**rund** extraktreich bei harmonisch eingebundener Säure, mundartl. im Rheinland *der Wein es rond* ›ist voll‹ (zu übertr. ›dicklich, füllig‹); Balance von Süße und Säure; von manchen Weinfachleuten auch für → *weiche* Weine gebraucht. Auf Preislisten und Weinkarten für Weiß- und Rotweine mittlerer Qualität. Dafür selten auch **Rundung**. → *Fülle, voll.*

**rustikal** einfach, plump (zu lat. *rusticus* ›ländlich, zum Land gehörig‹); auf Preislisten für → *kräftige* Weine aus geringen Jahrgängen.

# S

**Sackgeschmack** unangenehmer Beigeschmack nach unsauberen Filtersäcken; durch ungenügend gereinigte Filtriermaterialien verursachter Fehler. → *Filzgeschmack, Filtergeschmack, Jutegeschmack, Tuchgeschmack.*

**Saft, saftig,** für Wein mit einer Kombination verschiedener Eigenschaften, vor allem extraktreich, mit fruchtiger Säure, von → *weiniger* Art, mit sortentypischem Bukett, langanhaltend im → *Abgang* und gerbstoffarm (weinsprachl. vielleicht wie im 19. Jh. in *das saftigste Wort* zur Bezeichnung des Genusses). Mit *saftig* wird ein Wein bezeichnet, dessen Säure → *Spiel* hat. Erklärungen, ein *saftiger* Wein verstärke den Speichelfluß oder lasse Saft auf Zunge und Gaumen spüren, sind wohl von gemeinsprachl. *saftig* ›voller Saft, saftreich, saftschwellend‹ mitbestimmt. Die Bezeichnungen *saftig* und *Saft* werden auf Preislisten und Weinkarten häufig verwendet, abweichend vom üblichen Gebrauch in der Weinansprache das Eigenschaftswort *saftig* jedoch fünfmal so oft wie *Saft.*

**samtig** sich auf der Zunge samtzart anfühlend, mit harmonisch von Alkohol und Extrakt eingebundener Gerbsäure und säurearm; von farbstoffkräftigen Rotweinen (zu gemeinsprachl. ›samtweich, samtzart‹), in der Weinansprache selten gebraucht; *samtige* Rotweine haben einen → *geschmeidigen* Abgang wie Samt.

**sandig** gerbstoffreich, von Rotweinen (übertragen von gemeinsprachl. *sandig* ›rauh wie Sand auf der Zunge‹). Ähnlich → *herb,* Gegensatz → *samtig.*

**sauber** in Geruch und Geschmack einwandfrei, boden- und sortentypisch; wird für kleine Weine benutzt, an denen nichts zu bemängeln oder besonders zu loben ist, deshalb nur selten gebraucht. *Saubere Weine* sind ohne → *Bodenton* und darum gut als Sektgrundweine geeignet. → *rein.*

**sauer** von unangenehm hervortretender Säure, andere Inhaltsstoffe geschmacklich weitgehend überdeckend; Weine mit natürlich hoher Säure werden → *herb* genannt, nicht süße Weine → *trocken. Sauer* ist eine sehr negative Charakterisierung. Positiv kann der Säuregehalt durch → *Säure* ausgedrückt werden. Ähnlich → *hart.* **saurer Hund**, *soren Hungk* saurer Wein, kölnisch. **saurer Knochen** sehr saurer Wein, rheinisch. Ähnlich → *Dreimännerwein, harter Knochen, Strümpfestopfer.* **Sauerampfer** saurer Wein (übertragen von dem volkstümlichen Pflanzennamen für Rumex acetosa), verbreitet. **säuerlich** mit erhöhtem Säure- oder Gerbsäuregehalt. → *hart, herb.* **sauersüß** geschmacklich unharmonisch, in Süße und Säure auseinanderfallend; kommt vor, wenn Säure durch Süße überdeckt werden soll. → *Dropsgeschmack, gespalten, getrennt.* **Sauerrampes** saurer Wein (zu *Rampes*), mundartlich. **Sauerwerden** Umwandlung des Alkohols durch Bakterien in Essigsäure; besonders bei säurearmen Weinen. → *Stichigwerden.*

**Säure** meint bei Wein vor allem die geschmacklich wahrnehmbare Äpfel-, Wein- und Milchsäure, die neben Aromastoffen hauptsächlich für den Geschmack des Weins verantwortlich ist; sie wird modifiziert durch Alkohol, Extraktstoffe und Süße. Eine *fruchtige* oder *reife* Säure ist positiv, eine *grasige* oder *spitze* Säure negativ, eine *stumpfe Säure* sehr negativ. Auf Preislisten und Weinkarten immer mit ergänzendem Eigenschaftswort wie *feine, rassige, pikante, harmonische Säure* usw. gebraucht. → *Harmonie.* **Säurefirne** angenehmer Alterston, bei dem die Weinsäure hervortritt. → *Firne, Reifefirne.* **säurescharf** mit zuviel grasiger Säure. → *scharf.*

**Sauser** stürmisch gärender Most (zu *sausen* ›etwas mit sausendem Geräusch hervorbringen‹), im 19. Jh. auch **Sausewein**. → *Brauser, Bremser, Sturm.*

**schal** ohne Kohlensäure (gemeinsprachl. *schal* im 18. Jh. ›geistlos, kraftlos, wässerig‹ von alkoholhaltigen Getränken, wenn sie Geruch und Geschmack verloren haben, *schaler Wein, der Wein ist schal geworden*). **Schalwerden** Verlust des Buketts durch zuviel Luft, z.B. bei angebrochener Flasche oder nicht spundvoll gehaltenem Faß sowie durch Kahmbefall. → *abgebaut, lahm, leer, matt.*

**Schankwein** anregender, leichter Wein, alkoholarm. → *Kneipwein.*

**scharf** 1. mit zuviel Kohlensäure; von Weinen, deren Kohlensäure sich nicht harmonisch in den Geschmack einordnet, 2. säurereich, in schlechten Jahrgängen, 3. im 19. Jh.: mit Geschmack nach Fremdstoffen wie Metall, Farbe, Chemikalien. → *bakterienscharf, gärscharf.* **Schärfe**, auch im Geruch wahrnehmbar. → *Kohlensäureschärfe.* **Scharfwerden** nachträgliche Entwicklung von Kohlensäure durch Nachgärung.

**schärpsig** herb, **schärpsen, schärfsen** herb und prickelnd schmekken, *der Wein schärpst* (zu → *scharf*), mundartlich im Rheinland.

**Schatzkammerwein** Cabinetwein. → *Kabinett.*

**Schaufelwein** Wein aus Most, der mit der Schaufel bearbeitet und dadurch belüftet wurde. Früher betriebenes Verfahren zur Vermehrung der Hefe.

**schäumend** Schaum entwickelnd; von gärendem Jungwein, Perlwein und Schaumwein. → *moussierend.* **Schaumwein** aufgrund der ersten oder zweiten alkoholischen Gärung hergestellter schäumender Wein mit Kohlensäure in vorgeschriebener Mindestmenge. Höhere Qualität → *Sekt.* Gegensatz → *Stillwein.*

**Schieferart** typische → *Art* eines auf Schiefer gewachsenen Weins. **Schiefergör** individueller Geruch und Geschmack eines Weins aus einer Schieferlage. **Schieferton** mineralischer Bodenton, typisch für Weinlagen mit Schieferverwitterungsböden. Diese Bezeichnungen werden vorwiegend für Moselwein verwendet. → *Ton.*

**Schiller, Schillerwein, Schielerwein** rötlich schillernder, blaß- bis hellroter Wein aus weißen und roten Trauben (zu gemeinsprachl. *schielen, schillern* ›mit verschiedenen Farben spielen‹), im 19. Jh. auch **Schielerwein**; wird im Anbaugebiet Württemberg aus gemischtem Rebsatz, aus gemeinsamer Kelterung von Rot- und Weißweintrauben oder aus einem Verschnitt der Maische hergestellt. Ein Verschnitt von fertigem Weiß- und Rotwein ist unzulässig. → *Rotling, Weißherbst.* **schillerfarben** Rotweinfarbe zwischen *hellrot* und *roséfarben* (Roséwein).

**Schimmelgeruch, Schimmelgeschmack** dumpfer, muffiger Beigeschmack; durch Kontakt mit geringsten Mengen an verschimmelten Gebinden, Geräten, Filtriermaterialien wie durch verschimmelte Korken verursacht, → *Faßgeschmack, Filtergeschmack, Korkgeschmack*; kann Most, Jungwein und Flaschenwein befallen; ähnlich der von verschimmelten Trauben herrührende Geschmack, → *Faulgeschmack, Faulser.* Auch **schimmelig** muffig riechend, schmeckend, im 19. Jh. **schimmelnd** krank durch unsauber gehaltenes Faß.

**schlank** extrakt- und alkoholarm. Gehaltvoller als → *knochig,* feiner als → *mager,* Gegensatz → *dick, fett.*

**schlecht** verdorben (seit 18. Jh. *schlechter Wein* ›der verlangten Beschaffenheit beraubt‹); meist zugleich → *trüb.*

**Schleckerwein** leckerer, angenehmer Wein (zu *schlecken*, Intensivierung zu *lecken*, mit der Bedeutung ›schmatzend essen, genießen‹); Wortspiel *Neckarwein – Schleckerwein.* Weiteres → *Feinwein, Leckerwein.*

**Schleier** sehr feine, schleierartige Trübung; Trubteile einzeln kaum sichtbar, setzen sich nur langsam ab; durch Bakterien oder Ausscheidungen verursacht. Bei Flaschenweinen Zeichen für zu frühe Abfüllung. → *staubig, trüb.* **schleierig** im 19. Jh. → *blau, halbhell.*

**schleimig** dickflüssig; Mangelerscheinung bei sehr säurearmen Weinen oder Krankheit, durch schleimbildende Bakterien verursacht. → *ölig, zäh.* **Schleimigwerden** → *Langwerden, Zähwerden.*

**Schlieren** bogenförmig am Weinglas hängender Wein (fachsprachl. *Schliere* ›zäh an Glas anhaftende durchsichtige Flüssigkeit‹); Zeichen einer großen Fülle von Extraktstoffen und Alkohol. → *Fett, Kirchenfenster, Schmalz.*

**Schliff** Geschliffenheit; in Formulierungen wie *Schliff und Eleganz*; bezeichnet Wein, bei dem keine Eigenschaften unangenehm hervorstechen; selten gebraucht. → *geschliffen.*

**Schmalz** dickflüssiger Extrakt (zu *schmelzen*, ursprünglich ›ausgelassenes Fett‹), von Weinen, die → *Kirchenfenster* bilden. → *Fett, Schmelz.* **schmalzig** extraktreich, säurearm, auch alkohol- und extraktreich, im Rheinland mundartl. für ölig, gehaltvoll; im 19. Jh. umschrieben mit ›viel Gehalt an Geist und Körper, so daß der Mund recht voll wird‹. → *fett, ölig, vollmundig.*

**Schmand** weißgraue Haut auf Faßwein (von *Smant, Schmand* ›Rahm‹); durch Kahmhefen verursachte Krankheit, beeinträchtigt Geruch und Geschmack. → *Kahmgeschmack, Pelz.*

**Schmeer** im 19. Jh. für schwebende, fein wie ein Flor zerteilte Eiweißstoffe (übertr. von *Schmer* ›schmieriges Fett‹); läßt sich ausfällen. **schmeerig** leicht getrübt aufgrund feinster schwebender Eiweißstoffe. → *Schleier, schleierig.*

**Schmelz** hoher Extraktgehalt (zu gemeinsprachl. übertragen ›frischer, lebhafter Glanz‹), von reifen Weinen mit feiner Säure.

**schmierig** dickflüssig, von unklarer Beschaffenheit; Fehler oder Krankheit säurearmer Weine.

**schnapsig** sehr alkoholreich (wie gemeinsprachl. ›nach Branntwein schmeckend‹); Fehler von Weinen, bei denen der Alkohol geschmacklich zu deutlich hervortritt. Stärker als → *brandig*, ähnlich → *spritig.*

**schön** einwandfrei, harmonisch, von geringer bis mittlerer Qualität; Wein ohne besondere Eigenschaften. Der weinsprachl. Gebrauch des Wortes ist vielleicht durch die kellerwirtschaftlichen Fachwörter *schönen* ›klären‹ und *Schönung* beeinflußt. Sie bezeichnen das Entfernen von Trubstoffen durch Beigabe zugelassener Stoffe, der *Schönungsmittel*, und anschließenden Abstich bzw. Filtration. Auf Preislisten wird *schön* häufig für gute bis höchste Qualitäten gebraucht, meist als Attribut wie bei *schöne Art, Reife* oder *Frucht*, selten allein bewertend wie bei *sehr pikant, schön.* Auf Weinkarten wird es gewöhnlich nur als Attribut verwendet. → *nett, sauber.*

**Schoppen** im Glas (0,25 l) servierter Wein (ursprüngl. Getränkemaß, im 16. Jh. in die westoberdeutschen Mundarten aus frz. *chopine* entlehnt, das auf mittelniederdeutsch *schope* ›Schöpfkelle‹ zurückgeht). **Schoppenwein** süffiger, kleiner Wein; wird in Gaststätten glasweise verkauft, daher gemeinsprachl. auch ›offener Wein‹. → *Ausschankwein, Pokalwein.*

**schwach** alkoholarm; Gegensatz → *stark.*

**Schwanz** anhaltender Nachgeschmack, *hat einen Schwanz.* Ist der Schwanz klein, wird der Wein → *kurz* genannt. Weine ohne Schwanz haben keinen → *Abgang, Nachgeschmack, Nachhall.*

**schwarzer Bruch** blaugrüne oder blauschwarze Trübung; durch Gerbstoff und Eisensalze verursachter Fehler. → *Bruch.* **Schwarzglanz** höchste Klarheit; Benennung aufgrund des Prüfungsverfahrens, bei dem Wein im Gegenlicht vor dunkler Fläche betrachtet wird. Dadurch werden feinste Trübungen sichtbar. Ist der Wein → *blitzblank* oder *kristallklar*, erscheint er als schwarz.

**schwarzrot** Rotweinfarbe zwischen *blaurot* und *braunrot*; Färbung aufgrund der Rebsorte und des Leseguts oder als Fehler bei zu hohem Gehalt an Gerbsäure und Eisen.

**Schwefelböckser** unangenehmer Geruch nach faulen Eiern; verursacht durch Überschwefelung mit Schwefeldioxyd, vorübergehender Fehler. **Schwefelfirne** → *Schwefelsäurefirne.* **Schwefelgeruch**, **Schwefelgeschmack** Geruch und Geschmack nach Schwefeldioxyd; durch Überschwefelung verursachter Fehler. **Schwefelsäurefirne** unangenehmer strohiger, hartsaurer, rauher Geschmack, verbunden mit Verfärbung ohne gleichzeitige Trübung, → *brauner Bruch, hochfarbig.* Macht beim Trinken die Zähne stumpf; durch Überschwefelung des Mosts oder Weins verursacht, meist jedoch durch Lagerung in überschwefelten Fässern. → *Böckser, Faulser, Firne.*

**schwer** im 19. Jh. für alkoholreich, heute für alkoholreich mit viel Extrakt, sogar für extraktreich (übertragen von gemeinsprachl. ›einen hohen Grad einer Sache bezeichnend‹ wie *schwere Menge*); von Weinen mit betontem Alkoholgehalt; auf Preislisten und Weinkarten selten. → *kräftig, stark, voll, wuchtig.* **Schwere**, **Schwerwerden** im

19. Jh. Dickflüssigkeit mit Neigung zur Trübung als Ergebnis der Vergärung des Mosts. → *Langwerden, Zähwerden.*

**Seewein** an einem See wachsender Wein. → *Bergwein, Bodenwein, Leitenwein, Talwein.*

**seifig** unangenehm nach Seife schmeckend; bei Jungweinen vorübergehend nach stürmischer Gärung, bei Flaschenweinen aufgrund von Spülmitteln.

**Sekt** ursprüngl. und so noch im 19. Jh. Trockenbeerwein, 1696 *ein weißer lieblicher Seck* (aus frz. *vin sec*, ital. *vino secco* ›trockener Wein‹ im 17. Jh. entlehnt; → *trocken* meint hier die Beeren, aus denen der Most gewonnen wurde); seit dem 19. Jh. auch auf Champagner übertragen, heute weinrechtl. Bezeichnung für Qualitätsschaumwein, der nach traditioneller Methode in der Flasche vergoren wird. → *Schaumwein.*

**selbständig** ohne Verbesserung ausgebaut. → *naturrein, Naturwein, Prädikatswein.* Gegensatz → *unselbständig.*

**Sherrybukett** eigenartiges, an Sherry erinnerndes Bukett. **Sherrycharakter** Südweincharakter; typisch für Sherry und andere Südweine. Obwohl deutschen Weinen artfremd, können in außergewöhnlichen Jahren aufgrund der vielen Trockenbeeren Weine mit Sherrycharakter entstehen. Er zeigt sich dabei bereits in einem frühen Stadium und tritt mit zunehmender Flaschenreife immer stärker hervor. **sherryfarben**, auf Preislisten und Weinkarten ausschließlich für Trockenbeerenauslesen. → *rahn.* **Sherrygeschmack**, auch **Sherryton** an Südwein erinnernder Geschmack; bei älteren Weinen oder zu geringer Schwefelung, Lagerung in nicht spundvollen Fässern oder bei → *Zapfwein*, der länger im Anbruch ist. Die sortentypische Art des Weins geht dabei verloren. → *Firngeschmack, Luftgeschmack, Rahngeschmack, Spaniolgeschmack.*

**Siegellackton** Geschmack nach Siegellack, charakteristische Eigenart älterer Rheingauweine, auf Weinkarten für hochwertigen älteren Riesling aus dem Rheingau. → *Lackgeschmack, Lackton.*

**Sortenart** typischer Ausdruck einer Rebsorte; Ziel der Behandlung des Weins ist es, die Sortenart bestmöglich hervortreten zu lassen. Auf Preislisten für mittlere bis gute Qualitäten, meist mit Attribut wie *feine Sortenart*, auf Weinkarten ungebräuchlich. → *Art, artig.* **Sortenbukett** typisches Bukett einer Rebsorte wie *Müller-Thurgau-Bukett, Rieslingbukett, Traminerbukett.* Auf Preislisten für gute bis höchste Qualitäten, auf Weinkarten selten. **Sortencharakter** typische Eigenschaften einer Rebsorte, auch von Lage, Boden, Klima geprägt. **sortentypisch** der Rebsorte entsprechend.

**Spaniolgeschmack** an Südwein erinnernder Geschmack (zu *Spaniol* ›spanischer Schnupftabak‹ aus span. *español* ›spanisch‹); entsteht bei ungenügender Schwefelung oder zu starker Luftzufuhr. Die sortentypische Art des Weins geht dabei verloren. → *Firngeschmack, Rahngeschmack, Sherryton.* **Spaniolwein** im 19. Jh. für Wein mit eigentümlichem, geschätztem Geschmack und Geruch nach Borsdorfer Äpfeln, aber feiner; Borsdorfer Renetten wurde ein süßweiniger Geschmack nachgesagt.

**Spanwein**, niederdt. **Sponwein** 1. Faßwein → *Faßwein, Zapfwein*; 2. Wein, der vom Faß oder Zapfen abtropft (zu *Span*, niederdt. *Spon* ›Holzkübel, Gefäß, Zuber‹). → *Rotspon.*

**Spätlese** 1. Lese (Ernte) einige Zeit später als die allgemeine Lese, 2. Wein aus Spätlese, aus bes. hochwertigen, vollreifen Weintrauben, 3. seit 1971 weingesetzl. Begriff: Wein der Güteklasse »Qualitätswein mit Prädikat Spätlese«; das Prädikat wird aufgrund amtlicher Qualitätsprüfung für Wein aus vollreifen, spätgelesenen Trauben mit festgelegtem Mindestmostgewicht vergeben. → *Prädikatswein.* **Spätleseart** typische Art einer Spätlese, zeigt sich im geschmacklichen Ausdruck der Vollreife. → *Art.* **Spätlesebukett** → *Bukett.* **Spätlesecharakter** typischer Ausdruck spätgelesener Weine, von Rebsorte, Anbaugebiet und Ausbau im Keller mitbestimmt.

**spätreif** sich spät entwickelnd, erst nach längerem Lager trinkfertig (von Weinen); spät im Jahr reifend (von Trauben).

**Speisewein** im 18. Jh. 1. ›einfacher, leichter Wein zur Mahlzeit‹, → *Tischwein*, 2. in der Küche zur Bereitung von Speisen gebraucht, → *Kochwein*, 3. Abendmahlswein, »weil die Communicanten damit gespeiset werden«.

**sperr, sperrig** 1. gerbsäurereich; hoher Gerbstoffgehalt bes. aufgrund zu späten Abpressens der Maische, → *bitterherb, kämmselnd, rappsig, repsig.* 2. zu alt geworden, daher dünn, arzneiartig schmekkend, sauer und mit starkem Bukett, so bereits im 18. Jh. (zu küchensprachl. *sperr* ›knusprig-hart‹); → *abgelebt, gezehrt, knochig, passé, tot.*

**Spiel** fein nuanciertes Miteinander verschiedener Geruchs- und Geschmacksstoffe; Merkmal guter und vorzüglicher Qualität bei Weißweinen, bes. auf das Verhältnis von Säure und Süße bezogen. Auf Preislisten und Weinkarten für Weißweine vom Kabinettwein bis zur Trockenbeerenauslese, häufig verbunden mit *Süße, Würze, Eleganz.*

**spitz** säurereich, mit einseitig hervortretender Säure; Merkmal unreifer Jahrgänge mit unreifer, grasiger Säure oder Folge der Weinbehandlung; *spitze Säure* bes. bei kleinen, dünnen Weinen. Solche Weine wirken → *kurz*, fallen am Gaumen ab. → *hart, leer, sauer, saftig.*

**Spitze** hervorgehobene Eigenart; *der Wein hat, zeigt eine Spitze; süße Spitze;* auf Preislisten und Weinkarten für Spitzenwein, stets mit Attribut wie *ganz große* oder *edle Spitze.* **Spitzengewächs, Spitzenkreszenz, Spitzenwein**, in der Weinansprache für hohe und höchste Qualitäten von der Auslese bis zur Trockenbeerenauslese. → *Gewächs, Kreszenz.*

**spritig** sehr alkoholreich, von bes. unangenehm stechendem Geruch und Geschmack; Fehler. Stärker als → *brandig,* ähnlich → *schnapsig.*

**spritzig** kohlensäurereich, oft im Glas perlend (zu *spritzen*); bei meist jungen Weißweinen mittlerer Qualität, bes. von Mosel, Saar und Ruwer, im Rheinland mundartl. von jungem Wein *der Wein schmeckt spritzig;* geschätzt auch bei → *Schillerwein.* Auf Preislisten und Weinkarten für mittlere Weißweine und Portugieser. Betonte **Spritzigkeit** verdeckt bei leichten Weinen kleinere Mängel, aber auch spezifische Bukett- und Aromastoffe, ist bei hochwertigen Weißweinen und bei Rotweinen störend. → *anregend, frisch, prickelnd, scharf.* **spritzig-brandig** einseitig alkoholisch riechend, ohne weiniges Bukett. → *brandig.* **spritzig-süffig** mit betonter Säure, leicht prickelnd, → *süffig.*

**Stahl**, häufiger jedoch **stahlig** säurebetont, mit erdig-metallischem Geschmack; Anklang an Geschmack von Früchten, die mit Stahlmessern zerschnitten wurden; weitere Merkmale stahliger Weine → *herzhaft, kräftig, trocken;* bes. bei Riesling aus den Anbaugebieten Mosel-Saar-Ruwer und Rheingau. Auf Preislisten und Weinkarten für kleine bis mittlere Weine. → *hart, nervig, rassig.*

**stark** alkoholreich (gemeinsprachl. im 18. Jh. für Getränke, die schnell und sehr merklich auf die Nerven wirken, *ein starkes Bier, starker Wein, ein starker Essig*); trotz deutlich wahrnehmbaren Alkohols noch → *weinig;* Steigerung → *brandig.*

**staubig** leicht getrübt durch staubfeine Teilchen; bei Klärung durch Absetzen von Hefen und Bakterien nach dem ersten Abstich. Trüber als → *hell.*

**stechend** unangenehm riechend; bei zuviel freiem Kohlendioxyd.

**steckengeblieben** mit unvollendeter natürlicher Gärung; wegen zuviel Zucker unharmonisch. → *hängt.*

**Sternliwein, Sternwein** Wein, der nach dem Eingießen im Glas einen Schaumstern bildet; von kohlensäurereichen westschweizerischen Weinen der Rebsorte Gutedel, in der Schweiz gebräuchlich.

**Stich** Geruch und Geschmack nach einer Säure (zu *einen Stich haben* ›säuerlich schmecken, anfangen sauer zu werden‹, 18. Jh. von Wein und Bier). → *Essigstich, Milchsäurestich.* **stichig** einen Stich habend. → *kratzig.* **Stichigkeit, Stichigwerden** im 19. Jh. für den Beginn des → *Sauerwerdens.* **Stichwein** essig- oder milchsäurestichiger Wein.

**stickig, sticksig** im 19. Jh. für schimmelnd (zu *sticken* wie im 18. Jh. ›der Luft zum Atmen beraubt werden‹, *stickige Luft,* Intensivbildung zu *stechen*). **Sticksen** Schimmeln, → *Schimmelgeschmack.*

**Stielgeschmack** bitterer herber Beigeschmack nach Traubenstielen, Fehler in Geschmack und Geruch. → *Kammgeschmack, Rappengeschmack.*

**Stillwein** nicht schäumender Wein; im Gegensatz zu → *Perlwein, Schaumwein.*

**Stinkmittelgeschmack** unangenehmer Beigeschmack; durch Wildverbißschutzmittel im Weinberg hervorgerufener Fehler; hat starke Qualitätsminderung zur Folge. → *Benzingeschmack, Petroleumgeschmack.*

**stinkt**, Eigenschaft säurearmer Jungweine. → *Böckser.*

**Stoff** Extrakt (im 17. Jh. aus mittelniederländisch *stoffe* entlehnt, geht auf altfrz. *estoffe* zurück; mit naturwiss. Bedeutung ›Stoff, Materie‹, seit 19. Jh. zunächst bei Studenten, auch für alkoholische Getränke); weinsprachl. in Ausdrücken wie *viel Stoff,* → *Körper.* **stoffig** extraktstoffreich, → *körperreich.* In der Weinansprache *Stoff* für gute bis hohe Qualitäten, seltener *stoffig* für kleinere Weine.

**Stopfengeschmack** unangenehmer dumpfer, muffiger Geschmack nach alter Lohe (zu *Stopfen* ›Korken‹, seit 18. Jh. in Westdeutschland); Fehler bei Flaschenwein durch Verwendung nicht einwandfreier Korken. → *Korkgeschmack.*

**streng** unangenehmer Beigeschmack, durch Gerbsäure oder Behandlungsfehler verursacht. Bes. bei jungen Rieslingweinen. → *herb, trocken, wild.*

**strohfarben** hellrote, ins Gelbliche spielende Farbe von Rotwein. **strohig** sehr säurereich bei hohem Sulfatgehalt. → *stumpf.* **Strohwein** Wein aus Trauben, die auf Strohmatten getrocknet wurden; dadurch Mostkonzentration wie bei → *Trockenbeerenauslesen*, jedoch ohne → *Edelfäule.* Die Herstellung ist in Deutschland nicht erlaubt, im 19. Jh. allgemein bekannt.

**Strümpfestopfer** sehr herbsaurer Wein, zusammenziehend bis zu den Füßen; scherzhaft. → *Dreimännerwein, harter Knochen, Rampes, saurer Hund.*

**stumm** 1. die Gärung beendet habend, dafür auch *sagt nichts mehr*; → *Süßreserve* wird auch als *stumm gemachter Traubenmost* bezeichnet. 2. abgebaut, am Ende der Entwicklung, in der Umschreibung des 19. Jh.s ›ohne Geruch und Geist‹. → *abgelebt, tot.*

**stumpf** 1. überschwefelt, die Zähne stumpf machend; 2. alt, abgelebt, bes. von rasch gealterten Weinen, ohne Geruch und Geschmack, wie → *firn*, aber ohne → *Firnbukett*. → *abgelebt, strohig, tot, überschwefelt.*

**Sturm** stürmisch gärender Most, österreichisch. → *Brauser, Bremser, Sauser.* **stürmisch** 1. während der ersten Gärung, 2. im 19. Jh. außerdem Durchfall verursachend, von Weinen aus → *edelfaulen* Beeren. → *wild.*

**südweinartig** → Sherrycharakter.

**süffig** leicht trinkbar; im 19. Jh. auch für mundend, in größeren Quantitäten nicht schadend; mundartl. für angenehm trinkbar, die Lust nach mehr erweckend (zu *süffeln* ›absetzend trinken‹ von mhd. *sûfen* ›saufen‹); *süffig* sind kleine bis mittlere, bekömmliche und → *frische* Weine mit wenig Alkohol, Extrakt und Säure, bei Rotweinen auch mit wenig Gerbsäure, die in größeren Mengen gut und unbeschwert zu trinken sind. Sie sind daher gut geeignet als → *Kneipwein, Konsumwein, Schankwein, Tischwein, Zechwein.* In der Weinansprache überwiegend für kleine bis mittlere Weine, dabei auf Weinkarten fast dreimal so häufig wie auf Preislisten. **Süffigkeit** gute Trinkbarkeit, im 19. Jh. von Weinen, die durch mehrfache Auslaugung des → *Trebers* gewonnen wurden. **Suffweinchen** gut trinkbarer, süffiger Wein; mundartl. an der Mosel.

**süß** 1. zuviel unvergorenen Zucker im Wein enthaltend (im 18. Jh. den höchsten Grad der angenehmen Empfindung auf die Nerven des Geschmacks bezeichnend, daher *süßer Wein* sehr positiv); heute gilt stark hervortretende Süße, die die anderen Inhaltsstoffe überdeckt, bei deutschen Weinen als negativ; die Bezeichnung *süß* abwertend wie *unharmonisch süß*. 2. Weinrechtl. erlaubte Geschmacksangabe auf dem Etikett für Weine mit mindestens 45g/l Restzucker im Wein;

wegen der Mitbedeutungen des Wortes so gut wie nicht verwendet, bei hochwertigen edelsüßen Weinen abwertend. → *edelsüß, natursüß.* **Süße** unvergorener Zucker im Wein, als Prädikat im Gegensatz zu *süß* nicht negativ. Wird meist durch Eigenschaftswörter ergänzt, dadurch positive Bezeichnungen wie *edle, harmonische, honigartige Süße* und negative wie *hängende, einseitige, aufdringliche Süße.* Als Ausdruck der Weinbereitung wird *dienende Süße* euphemistisch für zugesetzte Süßreserve (unvergorener Traubenmost) verwendet. Auf Preislisten wird *Süße* für jeden fünfzehnten Wein verwendet, auf Weinkarten nur für jeden fünfundzwanzigsten, fast immer ergänzt durch *fein, edel, dezent* usw. → *Edelsüße, Honigsüße, Reifesüße.* **Süßigkeit** Süße, im 19. Jh. gebraucht (nicht in der heutigen Bedeutung ›Bonbon‹). **süßlich** leicht süß, aber fade schmeckend; Fehler, auch bei Krankheit (Milchsäurestich). Auf Preislisten positiv für *leichte Süße,* selten gebraucht. **Süßreserve** nicht gärender, → *stumm* gemachter hochwertiger Traubenmost, der → *fertigen* Weinen zugesetzt wird. **Süßwein** Wein mit geschmacksbestimmender Süße, wegen der Einschränkungen beim Gebrauch der Bezeichnungen *süß* und *Süße* für deutsche Beeren- und Trockenbeerenauslesen kaum verwendet. → *Dessertwein.*

# T

**Tafelwein** Tischwein, bereits im 19. Jh. gebraucht (wie im 18. Jh. *Tafelbier* ›dünnes Bier als Essensbegleiter‹ und ›Bier an der herrschaftlichen Tafel‹); seit 1971 weinrechtl. Bezeichnung für Wein der niedrigsten Qualitätsstufe; Herstellung ohne amtl. Prüfung. → *Landwein, Tischwein, Trinkwein.*

**Talwein** Wein, der in flachen Lagen gewachsen ist; ähnlich → *Bodenwein,* Gegensatz → *Bergwein, Leitenwein.* Als Besonderheit gilt der → *Seewein.*

**Tankgeschmack** neutraler, gleichsam eingesperrter Geschmackston; aufgrund der Vergärung des Mosts im Beton- oder Metalltank. → *Faßgeschmack.*

**Teergeschmack** 1. besondere Geschmacksnuance sehr extraktreicher Rotweine großer Jahrgänge, aus sehr reifen Trauben; positiv. 2. Beigeschmack von Weinen aus Lagen an frisch geteerten Straßen. → *Rauchgeschmack.*

**Terpentingeschmack** Geschmack und Geruch nach Terpentin; vorübergehend im Jugendstadium bei großen Auslesen, auch als Fehler. → *Apothekengeschmack.*

**terzig** trocken, firn, alt, rauh (vielleicht zu mundartl. *derren* ›quälen, peinigen‹); mundartl. verbreitet.

**tiefrot** Farbe edler Rotweine zwischen *gedecktrot* und *blaurot.*

**tintig** dickfarbig, blauschwarz; negativ wertendes Farbwort für Rotwein.

**Tischwein** bereits im 18. Jh. 1. kleiner, leichter Wein, 2. Wein, der gewöhnlich zum Essen ausgeschenkt wird, feinere Weine dabei auf besondere Bestellung. → *Kochwein, Speisewein, Tafelwein, Trinkwein.*

**Ton** Nuance in Farbe, Geruch oder Geschmack (seit dem 18. Jh. von Klängen auf Farben übertragen, *Ton in Ton*; weinsprachl. auf weitere Eigenschaften übertragen); positiv wie bei *sortentypischer* oder *pikanter Ton, Wein hat schönen Ton*, negativ *hat Nebenton* ›ist unsauber‹. → *Mandelton, Misttton, Muskatton.*

**topasfarben** dunkler Farbton bei Weißweinen. → *sherryfarben.*

**tot** ohne Geruch, Geschmack und Frische; aufgrund eines Behandlungsfehlers (starke Überschwefelung) → *totgeschwefelt*; bei sehr alten Weinen aufgrund der natürlichen Alterung → *abgelebt, abgestorben, passé, stumm.* **totgeschwefelt** zu stark geschwefelt, hat bei Most und Wein Verlust aller Feinheiten in Geruch und Geschmack zur Folge; verhindert weitere Entwicklung. → *überschwefelt.*

**Traubenaroma**, **Traubenbukett**, **Traubengeschmack** deutlicher Anklang an das Aroma der Weintraube bei besonders würzigen Rebsorten wie Muskatteller, → *Beerengeschmack, Beerenton.* In der Weinansprache Zusammensetzungen wie *Traubenduft, Traubensüße, Traubenwürze* für besonders hochwertige edelsüße Weißweine, selten gebraucht.

**Treber** ausgepreßtes Lesegut, Rückstand beim Keltern, auch **Treberkuchen** (seit dem 11. Jh., mhd. *treber*, ahd. *trebir*, sprachverwandt mit → *Trester*). **Treberwein, Träbernwein** im 19. Jh. Wein aus Nachpressung; Herstellung heute verboten. → *Nachwein, Tresterwein.*

**Trester** Kelterrückstand (seit dem 8. Jh., ahd. *trestir*, mhd. *trester*, sprachverwandt mit → *Treber*). **Trestergeruch**, **Trestergeschmack** unangenehmer herber, bitterer Geruch und Geschmack, wirkt → *dünn, leer.* Durch zu langes Stehenlassen der Weißweinmaische oder durch zu spätes Abpressen der Rotweinmaische verursachter Fehler; weniger hart als → *Rappengeschmack.* **tresterhart** mit zuviel Säure und Gerbsäure, von Weinen aus unreifen Trauben, die außerdem zu lange auf der Maische gestanden haben. → *grün, hart.* **Trestermost** saurer Most als → *Preßmost.* → *Most.* **Tresterwein** Wein aus Nachpressung, Herstellung heute verboten. → *Lauer, Treberwein.*

**Trinkwein** Wein von einfacher Qualität, auf Preislisten für → *Tafelwein* gebraucht. Ähnlich → *Konsumwein, Landwein, Tischwein.*

**trocken** 1. ohne Frische, oft mit Faß- und Altersgeschmack (Benennungsmotiv: beim Trinken bleibt der Gaumen trocken); verursacht durch zu langes Faßlager; dieser Geschmack wurde bei leichten Weinen auch → *matt*, bei vollen Weinen → *trocken* genannt. → *firn, schal, stumpf.* Im 19. Jh. durch ›stumm, mager‹ umschrieben. 2. von unangenehmem, unharmonischem Eigengeschmack, gerbstoffreich; aufgrund zu starker Pressung des Leseguts, Maischegärung oder unsachgemäßer Schwefelung. Behandlungsfehler. 3. durchgegoren, ohne Süße, alkoholreich; als weinrechtl. Begriff für Stillweine mit höchstens 4g/l Restzucker oder höchstens 9g/l Restzucker, falls der Säuregehalt höchstens 2g/l niedriger liegt. So heute in der Weinansprache gebraucht. 4. süß; als weinrechtl. Begriff für Schaumweine mit einem Restzuckergehalt von 17g/l bis 35g/l. (dies zu der ursprünglichen Bedeutung von frz. *vin sec*, ital. *vino secco* ›süßer Wein aus getrockneten Trauben‹; → *Sekt*).

**Trockenbeerenauslese** Wein aus vollreifen, edelfaulen, rosinenartig eingetrockneten Beeren, als weinrechtl. Begriff Bezeichnung für »Qualitätswein mit Prädikat Trockenbeerenauslese«, höchste Qualitätsstufe. Aufgrund des hohen Mostgewichts (ab 150 Grad Öchsle) stets edelsüß und mit großer Bukett- und Geschmacksfülle. **Trokkenbeerenton** → *Beerenton.* **Trockenbeerwein**, im 18. Jh. auch **Trockenwein** Trockenbeerenauslese; damals bereits bekannt aus Ungarn und Italien, wo er *Secco* genannt wurde. → *Beerenauslese, Edelfäule, Strohwein,* zur Wortgeschichte auch → *Sekt.*

**Tropfen** Wein, gemeinsprachl. in untertreibender, den Teil für das Ganze setzender Ausdrucksweise *ein guter, edler Tropfen.* **Tröpfchen** im 18. Jh. *ein Tröpfchen Wein trinken* ›ein wenig‹, *gut Tröpfchen* liebkosend für Wein. → *Möselchen, Weinchen.*

**Trub** Bodensatz des Weins, → *Lager.* **trüb** nicht klar, bei Most und Federweißem natürlich, bei ausgebautem Wein, der klar sein muß, ein Fehler. → *blind, milchig, schleierig, staubig.* **Trübung** → *Braunwerden, schwarzer Bruch, weißer Bruch.* **Trubwein** Wein vom trüben Bodensatz, dem Trub der Fässer nach dem Ablassen, im 19. Jh. **Trübwerden**, **Trübsein** bei jungen Weinen im Verlaufe der Nachgärung, bei alten Weinen aufgrund mangelnder Pflege.

**Tuchgeschmack** unangenehmer Beigeschmack nach unsauberen Filtersäcken; Fehler, beim Filtrieren durch ungenügend gereinigte Materialien verursacht. → *Filzgeschmack, Filtergeschmack, Jutegeschmack, Sackgeschmack.*

**Typenwein** Wein mit gleichen Geschmacksmerkmalen, meist durch Verschnitt hergestellt. → *Markenwein.* **typisch** charakteristisch in Geruch und Geschmack hinsichtlich Rebsorte, Lage, Jahrgang. → *artig.*

# U

**überfertig** zu alt, über den Höhepunkt hinweg, im 19. Jh. gebraucht → *fertig*.

**überreif** 1. der Qualität abträglich reif, schnell alternd; von Faßweinen, die nicht rechtzeitig auf Flaschen gefüllt wurden, reifer als *füllreif*. 2. von großer Reife; in dieser Bedeutung auf Preislisten als positives Prädikat für edelsüße Weine. Ebenso **Überreife** mit beiden Bedeutungen. **Überreifebukett** Bukett überreifer Weine. → *edelreif, edelsüß*.

**überschönt** unzureichend geschönt, trüb, Behandlungsfehler, bei dem durch zu starken Zusatz von Schönungsmitteln keine vollständige Klärung des Weins erreicht wird. Durch fehlerhafte Anwendung der Blauschönung entstehen blau überschönte Weine, die unbrauchbar sind. → *blaugeschönt, geschönt*.

**überschwefelt** zu stark geschwefelt; Fehler, erkennbar an stechendem Geruch. Die berüchtigten Kopfschmerzweine der 1950er Jahre waren zum Erhalt der Süße überschwefelt. Überschwefelungen waren ein Problem bei → *Schankweinen*, die als → *Zapfwein* aus Fässern angeboten wurden. Sie mußten wiederholt geschwefelt werden, um dem → *Rahnwerden* vorzubeugen.

**überstreckt** mit unerlaubt hoher Menge Zuckerwasser naßverbessert, auch ›in der Menge durch Wasser vergrößert‹. Die auch zur Verdünnung der Säure früher praktizierte Naßverbesserung ist heute verboten. → *gepanscht, getauft*.

**überzuckert** aufgrund zu hoher Mostzuckerung zu alkoholreich geworden; überzuckerte Weine sind nicht verkehrsfähig.

**umgeschlagen** trüb geworden, mit → *Luftgeschmack*, durch Nachgärung oder biologischen Säureabbau verursacht. → *trüb*. **Umschlagen** Rotweinkrankheit mit dunkler Verfärbung bis zu braun, Trübung, → *Fadgeschmack* und unangenehmem Geruch.

**unartig** unreif, von strenger, unentwickelter Eigenart; von Weinen, die nicht die natürlichen Eigenschaften besitzen. Im 19. Jh. gleichbedeutend mit grün. → *artig, unreif.*

**unausgeglichen** unharmonisch, unausgereift, unfertig, von Jungweinen in der Entwicklung. → *unentwickelt, unfertig.*

**unentwickelt** noch nicht gereift, unfertig, von Jungweinen in der Entwicklung oder älteren Weinen, die ihre Eigenschaften nicht gut entwickelt haben. → *unfertig.*

**unfertig** nach Abschluß der Gärung noch nicht ausgereift. → *unausgeglichen, unentwickelt.*

**ungepflegt** nicht gut ausgebaut, Behandlungsfehler.

**ungezuckert** ohne Zusatz von Zucker zum Most, dafür bis 1970 → *naturrein.*

**unharmonisch** ohne Gleichgewicht der Inhaltsstoffe, vor allem bezogen auf das Verhältnis von Alkohol, Säure, Gerbsäure, Kohlensäure und Süße. Gegensatz → *ausgeglichen, harmonisch.*

**unklar** nach Sorten und Charakter nicht klar erkennbar, Verlust der typischen Besonderheit.

**unreif** 1. grün, aus unausgereiften Beeren gekeltert, meist säurereich und extraktarm. 2. unfertig, von Jungweinen, denen Reife und Harmonie fehlen. **unreifsüß**, bei Zusatz von → *Süßreserve* zu einem *unreifen* Wein.

**unrein** nach Faß, Schläuchen oder Filtriersäcken schmeckend; im 19. Jh. für → *gekünstelt* oder vernachlässigt; Fehler. → *Faßgeschmack, Filtergeschmack, unsauber.*

**unruhig** mit zuviel Kohlensäure; Fehler.

**unsauber** Nebengeruch und Beigeschmack aufweisend, verursacht durch Behandlungsfehler und falsche Lagerung. → *unrein.*

**Unschlittgeschmack** Beigeschmack nach ranzigem Fett (zu *Unschlitt* ›tierisches Fett, Talg‹); verursacht durch Abdichtung der Fässer mit altem, ranzigem Unschlitt.

**unselbständig** klein, ohne Verbesserung nicht auszubauen. → *Qualitätswein, Tafelwein.* Gegensatz → *naturrein, selbständig.*

**unterschwefelt** zuwenig geschwefelt; in Farbe, Geruch und Geschmack verändert, von geringer Haltbarkeit. → *überschwefelt.*

**üppig** ungewöhnlich extraktreich; auf Preislisten und Weinkarten für große, körperreiche und edelsüße Weißweine.

# V

**Vanilleduft, Vanillegeschmack** bei Rotweinen aus hochreifen Burgundertrauben und bei manchen großen Weißweinen, aus Traubenkernen oder durch Lagerung im Barriquefaß. → *Eichengeschmack, Holzton.*

**verbessert** aus gezuckertem Most vergoren, nach weinrechtl. Vorschriften in bestimmtem Umfang erlaubt; verbesserte Moste dürfen nur als → *Tafelwein* oder → *Qualitätswein* in Verkehr gebracht werden. Die früher übliche Naßverbesserung durch Zugabe von Zuckerwasser ist verboten. → *getauft.*

**verdeckt** Arteigenschaften nicht ausreichend wahrnehmbar oder durch andere Inhaltsstoffe überlagert; bei zu tiefer Trinktemperatur sowie aufgrund natürlicher Ursachen wie Jahrgangsbesonderheiten oder Nebengeruch und -geschmack. → *maskiert, verschlossen, zurück.*

**verfälscht** durch unerlaubte Zusätze verändert, nicht verkehrsfähig. → *gekünstelt, gemanscht, gepanscht.*

**verfärbt** rötlich schimmernd, von Weißwein, der in einem Rotweinfaß gelegen hat. → *hochfarbig, rahn, rotstichig.*

**verjüngt** im 19. Jh. für Zusatz von jungem Wein zu altem, um diesen wieder → *frisch* zu machen; Jahrgangsverschnitt älterer mit jüngeren Weinen, in gewissen Grenzen weinrechtl. erlaubt.

**vermodert** im 19. Jh. für → *faßsauer.*

**verschlagen** durcheinander, Geschmacksnuancen nicht zeigend; nach Behandlung wie Filtration oder Flaschenfüllung. → *zerschlagen.*

**verschlossen** Geschmacksnuancen nicht zeigend; von unentwickelten Weinen sowie nach Abfüllung oder Transport. → *unentwickelt.*

**Verschnitt** Wein aus einer Mischung verschiedener Weine (zu *verschneiden*, im 18. Jh. ›durch Schneiden verunstalten‹; *Wein verschneiden* ›verfälschen, schlechten unter guten mengen‹); weinrechtl. in bestimmtem Umfang erlaubt. → *Markenwein, Typenwein, Verstich.* **verschnitten** vermischt; zu Anfang des 20. Jh.s wurden zur Qualitätssteigerung dunkle mit hellen Weinen verschnitten, zu alte mit jungen, leichte mit schweren und alkoholreiche dicke mit leichten feurigen.

**versetzt** verschnitten, von Wein mit Zucker oder süßem Most; Verfahren zu Anfang des 20. Jh.s. → *Süßreserve.*

**versiedet**, auch **versotten** bei zu hoher Temperatur vergoren (zu *versieden* ›durch Sieden verbrauchen‹, *alles Wasser versieden*); daher ohne geruchliche und geschmackliche Feinheiten.

**Verstich** im 19. Jh. für Verschnitt, **verstochen** gemischt (zu *verstechen* ›vertauschen, vermischen‹). → *Verschnitt.*

**verwässert** mit Wasser im Volumen vergrößert, bei Regen während der Lese oder durch die früher erlaubte Naßverbesserung. → *getauft, verbessert.*

**vielseitig** viele Geschmacksnuancen bietend; auf Preislisten und Weinkarten für mittlere Qualitäten. → *reich.*

**violett** Farbe säurearmer Rotweine.

**Vitzler** gärender Most, bereits Kohlensäure enthaltend. → *Bitzler.*

**voll** 1. extraktreich, 2. extrakt- und alkoholreich, *der Wein ist voll* ›hat vollen, kräftigen Geschmack‹, mundartl. an der Mosel. Auf Preislisten und Weinkarten häufig. → *körperreich, kräftig.* **voll-** in besonderem Maße, als Steigerung wie bei *vollblumig,* auch zu *fruchtig, saftig, stoffig, süffig, würzig.* **vollendet** auf dem Höhepunkt der Entwicklung und Reife befindlich. **vollkommen** absolut fehlerfrei, im 19. Jh. für Weine, die eine ›vollständige Übereinstimmung der Mischungsverhältnisse der Bestandteile‹ aufweisen. **vollmundig** extrakt- und alkoholreich, bei harmonischer Säure, nachhaltig; weinsprachl. häufig gebraucht, auch **Vollmundigkeit**. → *Maul voll Wein.* **vollreif** ausgereift, von Trauben bei der Lese; in der Weinansprache für gute bis sehr gute Weine gebraucht. → *reif.* **vollsüß** von natürlicher Süße aus vollreifen Trauben, sehr selten gebraucht. → *Süße.*

**Vorlaufwein** im 19. Jh. Wein vom Most des ersten Kelterdrucks; wegen des höheren Mostgewichts und der dadurch gewonnenen höheren Qualität separat ausgebaut. *Vorlauf,* im 19. Jh. auch *Vorschuß* oder *Vorlaß.* → *Preßmost.*

**vornehm** hochwertig, mit edlen Eigenschaften. In der Weinansprache häufig, fast ausschließlich für → *edelsüße* Weißweine hoher und höchster Qualität. → *adelig, edel, nobel.*

# W

**Wachstum** Wein eines bestimmten Erzeugers von gehobener Güte; weinrechtl. heute unzulässige Bezeichnung, durch *Erzeugerabfüllung* ersetzt. → *Gewächs, Kreszenz.*

**wansig** schal schmeckend; **wanst** schmeckt schal (von mundartl. *wansen* ›Beigeschmack haben‹, vom Wein bei nicht vollem Faß, zu ahd. mhd. *wan* ›leer, mangelnd‹), rheinisch. → *Luftgeschmack, Rahngeschmack.*

**Wanzengeschmack** eigenartiger, unangenehmer Beigeschmack, von amerikanischen Wildreben und Kreuzungen. → *Foxgeschmack, Fuchsgeschmack.*

**warm** alkoholreich, vollmundig; zur Bezeichnung von Rotweinen, vorwiegend für Spätburgunder gebraucht. → *feurig.* **Wärme** in Beschreibungen wie *Fülle und Wärme*, selten.

**wasserhell** farblos, von der Farbe der Weißweine; im 19. Jh. gebraucht. **wässerig** 1. nach Wasser schmeckend, verursacht durch Wasserzusatz zum Wein, auch in geringsten Mengen; 2. Weißweinfarbe zwischen *farblos* und *blaß*; durch Weinlage oder Behandlung verursacht. → *dünn, getauft.*

**Wassermost** Nachwein; im 18. Jh. ›die schwächere und geringere Art Mostes, besonders Obstmostes, welche man erhält, wenn man auf die bereits ausgepreßten Treber Wasser gießet, und sie nochmals presset‹. → *Lauer.*

**weich** extrakt- und säurearm, ausdruckslos; Mangelerscheinung, bes. bei Säureabbau oder künstlicher Entsäuerung; mehr bei Rotweinen als Weißweinen. → *fad, laff, mild, mollig, weich.* **Weichwerden** Krankheit, die den Wein sirupartig werden läßt. → *Langwerden, Zähwerden.*

**Wein**, *viel Wein*, bes. bezogen auf Körper, Alkohol und Bukett, Steigerung → *saftig.* In der Weinansprache wird *Wein* fast immer attribuiert, am häufigsten als *großer, edler, eleganter* und *reifer* Wein. **Weinblume** Kahm, schleierige Haut auf Wein in nicht vollen Fässern. → *kahmig.* **Weinchen**, seltener **Weinlein** Ausdruck des Wohlgefallens, dann auch ironisch, seit 18. Jh. → *Möselchen, Tröpfchen.* **weingrün**, von Fässern, die für die Aufnahme von Wein vorbereitet sind; im 18. Jh. wird ein Faß als *weingrün* bezeichnet, wenn bereits Wein darin gelegen und das Faß den Geschmack des frischen Holzes verloren hat. → *Faßgeschmack, Holzton.* **weinig** die Art des Weines ausgeprägt zeigend (zu gemeinsprachl. ›nach Wein schmeckend‹, im 18. Jh. *weinicht* ›dem Wein an Geschmack ähnlich‹); im 19. Jh. weinsprachl. *weinige Gärung.* Das Wort wurde offenbar ursprünglich zur Bezeichnung des Weincharakters nach Abschluß der Gärung gebraucht. Daraus heute, teilweise einander widersprechend: 1. alle guten Eigenschaften vereinigend, von mittleren Weinen; 2. ausgereift, von sehr guten Weinen; 3. mit vollem Weingeschmack, ohne Fruchtigkeit; 4. vollmundig, fruchtig; 5. weincharakteristisch, harmonisch, bes. auf die Gesamtweinsäure bezogen; 6. weincharakteristisch, bes. auf Alkohol und Bukett bezogen; 7. körperreich, aromatisch. In der Weinansprache häufig für Weißweine, vor allem für geringere und mittlere Qualitäten. → *mostig, saftig, Wein.* **Weinkahne**, im 19. Jh. → *Weinblume.* → *kahnig.* **Weinlager** im 18. Jh. für Weinhefe. → *Lager.* Für Bodensatz auch → *Depot, Trub.*

**weißer Bruch** blau-weißliche Trübung, Fehler bei Weißweinen durch Ausscheidung von Eisenphosphat. → *Bruch.* **weißgekeltert**

aus Rotweintrauben vor Beginn der Gärung gekeltert, ergibt blaßroten → *Roséwein.* **Weißherbst** blaßroter Wein aus Rotweintrauben, wie Weißwein vor Beginn der Gärung gekeltert. → *Roséwein.* **weißrot** blaßrot, schillernd, im 19. Jh. für Farbe des Roséweins. **Weißwein** ausschließlich aus Weißweintrauben hergestellter Wein, unabhängig von der Farbe, wenn die Art typisch ist wie bei blaßrotem Elbling; → *weißgekelterte* Rotweine werden als → *Roséwein* bezeichnet. Weißweine haben meist mehr Säure und Kohlensäure und weniger Gerbsäure als Rotweine. **Weißweincharakter** → *Blume, Eleganz, Rasse, Restsüße, Saft, Stahl.*

**welk** mit Einbuße an Frische und Fruchtigkeit (zu *welk* ›vertrocknet‹); entstanden unter anderem durch zu lange Faßlagerung. → *matt, trocken.*

**wild** unreif, herb, im 19. Jh. stürmisch. → *streng.*

**Winzerwein** von Weinbauern erzeugter Wein; leicht abwertend für kleine Weine ohne → *Eleganz* und *Finesse.* → *Bauernwein* im Gegensatz zu *Gutswein.*

**wirft**, *de Federweiße wörft* ›macht leicht betrunken‹, rheinisch. **wirft sich**, *der Wein hat sich geworf* ›ist trübe geworden‹ (zu mundartl. übertr. *sich werfen* ›sich in einen anderen Zustand bringen‹), rheinisch. → *trüb.*

**Wucht** großer Gehalt an Alkohol und Extrakt, in Bezeichnungen wie *viel Wucht, Wucht und Fülle.* **wuchtig** alkohol- und extraktreich, wuchtigen Weinen werden zusätzlich folgende Eigenschaften zugesprochen: → *farbstoffreich, kräftig, nachhaltig, rassig, saftig, stahlig,* oft auch *süß.* Steigerung von → *vollmundig,* bei mangelnder Harmonie → *dick,* bei überwältigendem Bukett → *groß.* In der Weinansprache überwiegend für edelsüße Weißweine.

**Würze**, **Würzgeschmack** edles Trauben- oder Fruchtaroma, sehr häufig für edelsüße Weißweine hoher und höchster Qualität, meist in Verbindung mit *Frucht* oder *Reife.* **würzig** aromatisch duftend und schmeckend, früher durch Zusatz von Gewürzen, heute sorten- und reifebedingt bei Rebsorten wie Traminer, Muskateller, Burgunder, Riesling. Steigerung von → *fruchtig.* Gebrauch wie bei *Würze,* meist zusammen mit *fruchtig, blumig, elegant, reif.* Die Bezeichnungen *Würze* und *würzig* begegnen auf Preislisten bei jedem zehnten, auf Weinkarten bei jedem achten Wein. Hinsichtlich der Häufigkeit auf Preislisten an fünfter, auf Weinkarten an vierter Stelle. **Würzwein** 1. würziger Wein, 2. gewürzter Wein, im 19. Jh. gebraucht.

# Z

**zäh** dickflüssig, schleimig, ölig, fadenartig fließend; durch schleimbildende Bakterien und Schleimhefen verursacht, Geruch und Geschmack → *ausdruckslos, dumpf, fad, verdeckt.* **Zähigkeit, Zähwerden** Beginn einer bakteriellen Krankheit, durch kellertechnische Maßnahmen meist heilbar, auch **Zähsein.** → *Langwerden, Lindwerden, Schleimigwerden.*

**Zapfwein, Zapfenwein** im Faß gelagerter → *Schankwein* (zu *Zapfen* ›Abfüllstutzen‹). → *Spanwein.*

**zart** alkohol- und säurearm, harmonisch mit feinem Duft, häufig bei kleinen Weißweinen aus frühreifenden Trauben und Rotweinen. → *weich.* **zart-** bedeutet ›wenig, aber fein‹ und wird einschränkend in Wörtern wie *zartblumig* gebraucht, so auch zu *duftig, fruchtig, süß.* Als Farbbezeichnung bei Weißwein *zartgelb, zartgrün.* → *voll-.*

**Zechwein** süffiger Wein (zu *Zeche* ›Gelage‹, *zechen* ›in Gesellschaft trinken‹); säurearm, harmonisch, von mittlerer Qualität. → *Kneipwein.*

**zeitig** im 19. Jh. für reif (zu *zeitig*, im 18. Jh. ›reif, seine gehörige Zeit habend‹, zunächst von Früchten: *zeitige Kirschen, die Äpfel sind noch nicht zeitig*).

**zerschlagen** durcheinander, Geschmacksnuancen nicht zeigend; nach Behandlung wie Abstich, Filtration, Flaschenfüllung, Transport; meist vorübergehend. → *durcheinander, verschlagen.*

**zersetzt**, auch **zerstört** aufgelöst durch Verlust aller Eigenschaften. → *passé, tot.*

**zick** im 18. Jh. fehlerhaft säuerlich; **zicken** anfangen sauer zu werden, *der Wein zickt* (intensivierend zu → *ziehen*). **Zicken** Milchsäurestich. **zickend** im Geruch und Geschmack an ranzige Butter und Sauerkraut erinnernd; → *Milchsäurestich.* **zickig** zähflüssig, fadenweise abfließend; → *ölig, zäh.*

**ziegelrot** Farbe edler Rotweine zwischen *roséfarben* und *rubinrot.*

**ziehend, zieht** mit zuviel unreifer Säure (von *zieht den Mund zusammen*); bes. bei kleinen Weinen im Alter. → *adstringierend, grün, zusammenziehend.*

**Zucker**, *hat Zucker* ›zuviel Süße‹; negative Bezeichnung einer zu hohen, unharmonischen → *Restsüße.* **zuckersüß** im 19. Jh. für restsüß, mit ungelöstem Zuckerstoffgehalt.

**Zukunft** Entwicklungspotential, *hat Zukunft* ›wird auf dem Lager besser‹, Bezeichnung hochwertiger Weine mit langer Lagerfähigkeit.

**zurück** noch nicht gereift, unfertig; von Jungweinen in der Entwicklung oder älteren Weinen, die ihre Eigenschaften noch nicht zeigen. → *unentwickelt, verschlossen.*

**zusammenziehend** im Übermaß säure- oder gerbsäurehaltig (zu *zieht den Mund zusammen*). → *gerbsauer, herb, rauh, ziehend.*

## *Weinwortschatz nach Sachgruppen*

**Alkohol**: Feuer, Geist. *ohne Alkohol:* geschmacklos. *alkoholarm:* geistlos, schwach. *alkoholreich:* feurig, geistig, geistreich, schwer, stark, warm, Wärme, wirft. *zu alkoholreich:* Alkoholgeschmack, Brandeln, brandig, brennserig, schnapsig, spritig, stark. *alkohol- und extraktarm:* dünn, leicht, klein, mager, schlank. *alkoholreich, säure- und kohlensäurearm:* breit. *alkohol- und extraktreich:* gewaltig, gibt her, hergebend, Kraft, kräftig, kraftvoll, mächtig, mollig, plump, schwer, voll, vollmundig, Vollmundigkeit, Wucht, wuchtig. *alkohol- und säurereich:* görig, göhrig. *mit Alkohol verstärkt:* gespritet. → *Geruch, Geschmack.*

**Alter**: Abbau. *angenehmer Alterston:* Altel, edelfirn, Edelfirne, Fernewein, firn, Firne, Firnewein, Firngeschmack, Firnwein, Jufteln, Reifefirne, Säurefirne. *hohes Alter:* alt, Altersfirne, Altersgeschmack, Altgeschmack, Brauser, Brausewein, firnig, firnsig, gezehrt, knochig, lahm, matt, müde, platt, rack, terzig, überreif, Überreife. *Ende:* abgebaut, abgelebt, abgestorben, aufgelöst, fertig, hinüber, laff, leblos, passé, sperr, sperrig, stumm, tot, überfertig, zersetzt, zerstört. → *Entwicklung, Geruch, Geschmack.*

**Aroma**: Aroma, aromatisch, feinaromatisch, hocharomatisch; aromatisiert; Frucht, fruchtig, zartfruchtig, edelfruchtig, feinfruchtig, vollfruchtig, Fruchtaroma, Fruchtgeschmack, Honigfrucht; Würze, würzig, Würzgeschmack, dezentwürzig, edelwürzig, feinwürzig, Feinwürze, hochwürzig, vollwürzig, Gewürz, gewürzig, gewürzt, feingewürzt, Honigwürze, Traubenwürze, Würzwein; Traubenaroma, Muskatellerton, Muskatton; mandelig, Mandelton, mandelbitter. → *Geruch, Geschmack.*

**Art**: artig, Art, feinartig, eigenartig, Eigenart; durchsoffen, flach, unartig, unklar; neutral, fremd, fremdartig, artfremd; mostig, saftig, weinig; doppelgrün, gering, klein, leicht, mager, zart; bekömmlich, mundend, mundig; einfach, normal; angenehm, ansprechend, dezent, echt, ehrlich, frequent, gediegen, gefällig, gefällt, gut, hübsch, nett, schön, süffig, edelsüffig, vollsüffig; ausgeprägt, eckig, kantig, markant, rustikal, vielseitig; Sortenart, Spätleseart, Ausleseart; südweinartig; Schieferart. *negativ:* aufdringlich, ausdruckslos, blaß. → *Charakter.*

**Ausbau**: natur, natürlich, naturrein, rein, selbständig, ungezuckert; gekünstelt, gezuckert, künstlich, unselbständig, verbessert; gepflegt, sauber, ungepflegt; eingekocht, gefeuert, gekocht, gemischt, gepanscht, geschmiert, gestreckt, getauft, glaciert, überstreckt, überzuckert, unrein, verfälscht, verjüngt, vermischt, verschnitten, versetzt, verstochen; Verschnitt, Verstich; versiedet, versotten, verwässert; hängt, steckengeblieben, gestoppt, geschönt, überschönt, gestellt; forciert; unterschwefelt, überschwefelt, stumpf, totgeschwefelt.

**Behandlung**: gepflegt, ungepflegt.

**Beigeschmack** *unreife Beerenteile, Stiele:* bitterherb, grasherb, grasig, grün, herb, kammherb, kämmselnd, rappig, rappsig; Grasgeschmack, Hülsengeschmack, Kammgeschmack, Kerngeschmack, Maischegeschmack, Rappengeschmack, Stielgeschmack, Trestergeschmack. *Erde:* Erdgeschmack. *Bratäpfel, verbrannte Brotrinde, Dörrobst:* Brotgeschmack, frostig, Frostgeschmack, Kochgeschmack, Luftgeschmack, Rahngeschmack. *Essig, Sauerkraut:* Buttersäurestich, Essigstich, essigstichig, Estergeschmack, Milchsäurestich, Stich, stichig, Stichigkeit, Zicken. *Fett:* ranzig, Unschlittgeschmack. *Kahmhefen:* Deckengeschmack, Kahmgeschmack. *Blausäure:* Bittermandelgeschmack, mandelbitter, mandelig, Mandelton. *Kork:* Korkgeschmack, korkig, Korkschmecker, Korkser, Stopfengeschmack. *Weinschläuche:* Gummigeschmack. *Dünger, Exkremente, Fäulnis, Moder, Schimmel:* böckserig, böcksern, dumpf, faul, faßsauer, luftsauer, mäuselkrank, mäuselnd, moderig-faul, muffig, muffig-dumpf, schimmelig, stickig, sticksig, unrein, unsauber, vermodert; Apothekengeschmack, Böckser, Böcksergeschmack, Faulböckser, Hefeböckser, Mäuselgeschmack, Mäuseln, Mistböckser, Schwefelböckser; Faßgeschmack, Faulgeschmack, Faulser; Graugeschmack, Hagelgeschmack, Muffeln, Pflanzenschutzmittelgeschmack, Schimmelgeschmack. *eigenartiger Fremdgeschmack:* Foxgeschmack, Fuchsgeschmack, Wanzengeschmack. *Holz, Metall:* Faßgeschmack, Holzgeschmack, Lohgeschmack, Metallgeschmack. *Filtriermaterialien:* Asbestgeschmack, Filtergeschmack, Filzgeschmack, Jutegeschmack, Papiergeschmack, Sackgeschmack, Tuchgeschmack. *Farbe, Pech, Rauch, Teer:* Farbgeschmack, Karbolgeschmack, Lackgeschmack, Nikotingeschmack, Pechgeschmack, rauchig, rauchsig, Rauchgeschmack, Teergeschmack. *Chemikalien:* Apothekengeschmack, Jodgeschmack, Jodoformgeschmack, Medizingeschmack, Schwefelgeschmack, Stinkmittelgeschmack, Terpentingeschmack. *Schwefel:* Schwefelgeschmack, Schwefelsäurefirne, Schwefelfirne. *Ölderivate:* Benzingeschmack, Petroleumgeschmack. → *Geschmack.*

**Bodensatz**: Depot, Lager, Trub, Weinlager.

**Charakter**: typisch, ausdrucksvoll, charaktervoll; bestechend, echt, edel, edelfein, fein, feinedel, hochfein, hochedel, groß, reich; delikat, vornehm, elegant, feinelegant, feinnervig, hochelegant, erhaben, finessenreich, raffiniert; adelig, nobel, habhaft, kernig, markig, nervig; Adel, Ausdruck, Eleganz, Finesse, Jahrgang, Kern, Musik, Nerv, Pfiff, Raffinesse, Rückgrat, Saft; Sortencharakter, Weißweincharakter, Spätlesecharakter, Auslesecharakter, Sherrycharakter. → *Art.*

**Entwicklung**: *vor der Gärung:* Most, Süßreserve. *Beginn der Gärung:* Bitzler, Vitzler. *stürmische Gärung:* Brauser, Bremser, Rauscher, Reisser, Risser, Sauser, Sausewein, Sturm, stürmisch. *Ende der Gärung:* Federweißer, Neuer, Neuer Wein. *Jungwein:* mostig, gärig; grüner

Wein; unausgeglichen, unentwickelt, unfertig; unterschwefelt; fortschreitend, jung, jugendlich, Jungwein; moussierend, schäumend; nachreifend; sagt nichts mehr, stumm; Hefenwein, Mutterwein, Schaufelwein, Trubwein; entwicklungsfähig, verschlossen, zurück. *fertiger Wein:* kohlensauer, hefig, unreif, unreifsüß, jung; maskiert, verdeckt, verschlossen, zurück; ausgebaut, ausgebildet, gebildet, gestellt, entwickelt, fertig; Heuriger, Neuer, Neuer Wein, Der Neue; nachgärend, Nachgärung, nachgetrübt; frühreif, flaschenreif, genußreif; abgelagert, abgelegen, Ablagerung, gesund, krank, mannbar, reif, rückschreitend. *Flaschenwein:* jung, entwicklungsfähig, Zukunft. → *Alter.*

**Extrakt**: körperhaft; Dicke, Fett, Fülle, Gehalt, Gummi, Körper, Schmalz, Stoff. *extraktarm:* arm, gehaltlos, körperarm; Magerkeit. *extraktreich:* dick, fett, füllig, habhaft, körperreich, ölig, schmalzig, stoffig, voll, vollstoffig; Fülle, Maul voll Wein, tapeziert das Maul. *sehr extraktreich:* klotzig, mastig, üppig; Schmelz. *extrakt- und alkoholreich:* feurig, gehaltvoll, gewaltig, gibt her, glutvoll, hergebend, kräftig, kraftvoll, mächtig, markig, mollig, schmalzig, schwer, voll, vollmundig, wuchtig; Fett, Kirchenfenster, Kraft, Schlieren, Schmalz, Vollmundigkeit, Wucht. *extrakt- und säurereich:* saftig, Saft. *extraktreich, säurearm:* ölig, schmalzig. *extrakt- und alkoholarm:* dünn, leicht, klein, mager, schlank, süffig; Magerkeit. *extrakt- und säurearm:* mollig, rund, weich; Rundung. *extrakt-, säure-, kohlensäurearm:* leer. *zu alkohol- und/oder extraktreich, säurearm:* dick, pappig, plump. → *Flüssigkeitsgrad, Geschmack.*

**Farbe**: farbschwach, farbstoffarm, farbstoffschwach; blaß; farbstoffkräftig, farbstoffreich; verfärbt, hochfarbig, rahn, mißfarben, mißfarbig, rostig, rötlich-braun, brauner Bruch; farbebrechend, farbkrank; Ton. *Jungwein:* federweiß, milchig, milchweiß. *Weißwein:* farblos, wasserhell, wässerig, blaß, bleifarbig, hellfarbig, grün, hellfarbig, hellgelb, grünlichgelb, gelb, goldgelb, altgold, Goldton, bernsteinfarben, bernsteingelb, fuchsig, sherryfarben, topasfarben, hochfarben, hochfarbig, maderisiert, braun, mißfarben, rahn. *Roséwein:* rotstichig, weißrot, blaßrot, hellrot, schillerfarben, roséfarben, ziegelrot. *Rotwein:* blaßfarbig, strohfarben, roséfarben, himbeerrot, ziegelrot, rubin, rubinfarben, rubinrot, feurig, feurigrot, granatfarben, tiefrot, gedeckt, gedecktrot, mostrot, purpur, purpurfarben, violett, blaurot, tintig, schwarzrot, bräunlich rot, braunrot, braun. → *Geschmack, Klarheit/Trübung.*

**Fehler/Krankheit**: gesund, krank, bakterienkrank, flaschenkrank; durcheinander, gestört, gestoßen, probiert sich nicht, verschlagen, zerschlagen; ausgezogen, nackt, nichts mehr dran. *Flüssigkeit:* Fettwerden, Langwerden, Lindwerden, Öligwerden, Schleimigwerden, Weichwerden, Zähigkeit, Zähsein, Zähwerden. *Trübung:* Braunwerden, Bruch, Fadigwerden, fadenziehend, fadig, Fadigkeit, Kahmigwerden, Kupferbruch, schwarzer Bruch, Trübwerden, Trübsein, Umschlagen, weißer Bruch. *Haut:* Kahm, Pelz, Schmand, Weinblume, Weinkahne. *Geruch/Geschmack:* bissig, bitter, böckserig, böcksern, dumpf, faul, faßsauer, luftsauer, mäuselkrank, mäuselnd, moderig-faul, muffig, muffig-dumpf, schimmelig, seifig, stechend, stickig, sticksig, stinkt, unrein, unsauber, vermodert. *Kohlensäure:* bakterienscharf, Bakterienschärfe. *Säure:* Buttersäurestich, Essigstich, Estergeschmack, Milchsäurestich, Sauerwerden, Schwefelsäurefirne, Stich, stichig, Stichigwerden, Stichigkeit, Zicken; Stichwein. → *Ausbau, Beigeschmack, Flüssigkeitsgrad, Geruch, Geschmack.*

**Flüssigkeitsgrad**: *hoch:* dünn, dünnflüssig, flüssig. *mittel:* Kirchenfenster, Schlieren. *niedrig:* dick, fett, körperig, lang, lind, ölig, schleimig, schmalzig, schmierig, schwer, weich, zäh, zickig. → *Extrakt, Fehler/Krankheit, Klarheit/Trübung.*

**Gerbsäure**: Herbe, Herbheit, Herbigkeit. *positiv:* herb, feinherb, Feinherbe, schöne Herbe, milde Herbheit. *bei Rotweinen, wenig:*

samtig. *viel:* bitterlich, knorzig, rauh, sandig, säuerlich, terzig. *negativ:* unschöne Herbe. *zuviel:* adstringierend, bitter, bitterherb, gerbsauer, grasherb, grün, hart, kammherb, kämmselnd, kratzig, rappig, rappsig, repsig, sperr, sperrig, streng, tresterhart, trocken, wild, ziehend, zusammenziehend; Härte. *Beigeschmack:* Gras-, Hülsen-, Kamm-, Maische-, Rappengeschmack, Repsen, Stiel-, Trestergeschmack. → *Beigeschmack, Geruch, Geschmack.*

**Geruch**, *positiv:* Blume, Bouquet, Bukett, Duft, Nase; feine, edle Blume, feines Bukett, feiner Duft, feine, gute, schöne Nase; schöner, sortentypischer pikanter Ton. *negativ:* aufdringliche, unangenehme Blume; Böckser, Geruch. *Primärbukett:* Traubenbukett, Traubenduft, Sortenbukett, Gewürzbukett, Spätlesebukett; aromatischer Wein, Bukettwein. *Sekundärbukett:* Gärbukett, Gärton, Gör, Jungweinbukett, Lagerbukett, bukettreif, Bukettreife, Reifebukett, Reifefirne, Überreifebukett, Firnbukett; Bouquetwein. *ohne Geruch:* bouquetlos, duftlos, geruchlos, ohne Nase; Bukettverlust, Schalwerden; ausgezogen, nichts mehr dran, nackt, schal. *rasch vergehend:* flüchtig. *zart:* blumig, edelblumig, feinblumig, zartblumig, duftig, feinduftig, zartduftig. *viel:* bouquetreich, bukettreich, vollblumig. *zu stark:* aufdringlich, bukettiert, einseitig, fremdartig, parfümiert. *Reintönigkeit:* rein, edelrein, reingärig, reintönig, reine Gör, sauber. *Geruch nach anderen Stoffen:* duftend, duftig. *Nebengeruch:* Böckser, böckserig, böcksern, dumpf, muffig, kahmig, kahnig, kuhnig, Schimmelgeruch, schimmelig, stinkend, stinkt, übelriechend, unreine Gör, unsauber, zick. *Alkohol:* spritzig-brandig. *Blausäure:* Bittermandelgeruch, mandelbitter, mandelig, Mandelton. *Botrytis:* Botrytisbukett, Botrytisnase, Botrytiston, Edelfäule, Edelfäuleton, Jodoformgeschmack, Medizingeschmack. *Brotrinde, Dörrobst:* brotig, Brotgeschmack; firn, Firnbukett, Firngeruch; rahn, rahnig, rohnig, Luftgeschmack, Rahngeschmack; Sherrybukett, Spaniolgeschmack. *Dünger:* böckst, Mistton. *eingeschrumpfte Beeren:* Edelbeerenbukett, Edelbeerenton. *faule Eier:* Böckser, faul, Faulböckser, Faulgeruch, faulriechend, Faulton, Schwefelböckser. *Festbrennstoffe:* Rauchgeruch, rauchig, rauchsig. *Früchte:* nussig, obstig; Brombeergeschmack, Erdbeergeschmack, Muskatbukett, Muskatton, Muskatellerton, Vanilleduft. *herb, bitter:* Trestergeruch. *Kahmhefe:* Deckengeschmack, Kahmgeschmack. *ranzige Butter, Essig, Sauerkraut:* kratzend, stechend, stichig, zickend, Stich; Essigstich, essigstichig, Milchsäurestich, Zicken. *Schwefel:* Schwefelgeruch. *Weinbergsboden:* görig, göhrig, Schiefergör, Schieferton. *Weinhefe:* hefig. → *Beigeschmack.*

**Geschmack** → *Alkohol, Aroma, Extrakt, Gerbsäure, Süße, Säure. ohne Geschmack:* stumpf, verschlagen, verschlossen. *neutral:* Tankgeschmack. *positiv:* rein, reintönig, sauber. *negativ:* dumpf, fremdartig, kahmig, kahnig, kuhnig, leimig, seifig, scharf, unsauber; laff, schal, wansig, wanst, wässerig. *Nuancen:* bitter, fruchtig, nussig, obstig, Apfelgeschmack, Beerengeschmack, Beerenton, Bittermandelgeschmack, Brombeergeschmack, Erdbeergeschmack, Fruchtgeschmack, Gewürzgeschmack, Nußgeschmack, Rosinenton. *Weinberg:* Bodengeschmack, Bodenton, erdhaft, erdig, Feuersteingeschmack, feingörig, görig, göhrig, grundsig, Lagenton, Schiefergör, Schieferton, Traubengeschmack. *Lesegut:* Botrytis, Botrytisgeschmack, Edelbeerenton, Edelfäule, Edelfäuleton, Faulton. *Gebinde:* Eichengeschmack, Hölzel, holzig, Holzton, Neuerl, Vanillegeschmack; Lackgeschmack, Lackton, Siegellackton. *Entwicklung:* Gärgeschmack, Hefegeschmack, hefig. *Reife:* Brotgeschmack, Firngeschmack, rahn, Rahngeschmack, rahnig, rohnig, Sherrygeschmack, Sherryton, Spaniolgeschmack. *Zusatz:* harzig, Harzgeschmack. → *Beigeschmack.*

**Güte**: Tafelwein, Landwein, Qualitätswein, Hochgewächs, Prädikatswein, Kabinett, Spätlese, Auslese, Beerenauslese, Trockenbeerenauslese, Eiswein; Naturwein, Gewächs, Kreszenz, Wachstum; Mostwein, Strohwein, Rosinenwein, Trockenbeerwein, Trockenwein; Edelgewächs, Edelkreszenz, Edelwein, Edelauslese, Edelbeerenauslese, Spitzengewächs, Spitzenkreszenz, Spitzenwein; Cabinet, Edelwein, Jahrhundertwein, Luxuswein, Nektarwein, Rarität, Schatzkammerwein; Feinwein, Leckerwein, Schleckerwein; Bauernwein, Winzerwein, Gutswein; Damenwein, Herrenwein, Männertrunk, Männerwein, Herrschaftswein; Hauswein, Konsumwein, Tischwein, Trinkwein; Spitzenwein, Jahrhundertwein.

**Harmonie/Spiel**: *positiv:* abgerundet, ausgeglichen, ausgewogen, harmonisch, finessenreich, geschliffen, geschmeidig, glatt, rund, schön, vielseitig, vollkommen; Feinheit, Finesse, Harmonie, Musik, Rundung, Schliff, Spiel. *negativ:* eckig, gespalten, getrennt, hängend, kantig, sauersüß, trocken, unausgeglichen, unharmonisch. → *Aroma, Ausbau, Frucht, Geruch, Säure, Süße.*

**Kelterung**: Most. *ohne Preßdruck:* Essenz, Essenzwein. *mit geringem Druck:* Beerwein, Preßmost, Vorlaß, Vorlauf, Vorlaufwein, Vorschuß. *mit stärkerem Druck:* Trestermost. *mit Stielen:* Kammwein, Kempwein. *aus angesetztem Treber oder Trester:* Fluppes, Haustrunk, Lauer, Lauerwein, Leirer, Nachwein, Rappes, Träbernwein, Treberwein, Tresterwein, Wassermost. *aus Kelterresten:* Drusenwein. *Kelterrückstände, unvergoren:* Treber, Treberkuchen. *angegoren:* Trester. → *Entwicklung.*

**Klarheit/Trübung**: *vollkommen klar:* blitzblank, flackerhell, glanzhell, kristallhell, kristallklar, Schwarzglanz. *klar:* blank, faßblank, hell, klar. *leicht getrübt:* bauernhell, blau, bläulich, flacker, geklärt, glashell, halbhell, kellerhell, mollig, Schleier, schleierig, Schmeer, schmeerig, staubig. *trüb:* blind, gärtrüb, federweiß, hefig, milchig, milchweiß, nachgetrübt, Nachtrübung, trüb. *fehler-, krankhafte Trübung:* fadenziehend, fadig, Fadigkeit, Fadigwerden; Bruch, gebrochen, umgeschlagen, Umschlagen, wirft sich; *blaugrün, blauschwarz:* schwarzer Bruch, *blau-weißlich:* Blauwerden, weißer Bruch; *braun:* Braunwerden; *grau:* grauer Bruch; Korktrübung, Kupferbruch. → *Farbe, Flüssigkeitsgrad.*

**Kohlensäure**: Frische. *bei Mosten und Jungweinen:* bitzelnd, gärig, gärscharf, Gärschärfe, jung, kohlensauer. *gut:* animierend, anregend, frisch, lebendig, lebhaft, munter, pikant, hochpikant, resch, rezent. *viel:* spritzig, Spritzigkeit. *zuviel:* scharf, schärpsig, unruhig; schärfsen, schärpsen; Schärfe, Kohlensäureschärfe. *wenig:* abgestanden, lahm, leer, matt, müde, platt, rückschreitend, schal, trocken, welk; Schalwerden. *ohne:* leblos, oxydiert. *nachträglich mit Kohlensäure:* Scharfwerden. *schäumend:* aufbrausend, prickelnd, moussierend, perlend; Perlwein, Schaumwein, Sekt, Sternliwein, Sternwein.

**Lage**: Bergwein, Bodenwein, Leitenwein, Seewein, Talwein.

**Lagerung**: Faßwein, Barriquewein, Hefenwein, Lagerwein; Rotspon, Spanwein, Sponwein, Zapfwein; Flaschenwein.

**Lese**: Jungfernwein; Spätlese, Auslese, Ausbruch, Edelauslese, ausgelesen; Beerwein, Mostwein, Beerenauslese, Edelbeerenauslese; Trockenbeerenauslese, Eiswein, Strohwein.

**Mostbehandlung:** *wie gelesen:* natur, naturrein, rebrecht, rein. *mit Zusätzen:* gekünstelt, geschmiert, verschnitten.

**Nachgeschmack**, *positiv:* anhaltend, lang, markig, nachhaltig, saftig, vollsaftig, samtig; Abgang, Abgeschmack, Alkoholschwanz, Nachgeschmack, Nachhall, Nachhalt, Schwanz. *negativ:* abfallend, bleibt nicht haften, fällt hinten ab, kurz.

**Rebsatz**: einfach, reinsortig, gemischt, charakterlos, Charakterlosigkeit.

**Reife,** *von Trauben:* grasig, grün, unreif; reif, spätreif, vollreif, edelreif. *von Weinen:* bukettreif, Bukettreife, dezentreif, feinreif, spätreif, hochreif, edelreif, Edelreife, überreif. *im Ausbau:* Faßlager, Faßreife, genußreif, Genußreife, füllfertig, füllreif, Füllreife, überreif, Flaschenlager, zeitig, mannbar, mundfertig; abgelagert, abgelegen, flaschenreif, Flaschenreife, Lager, Lagerreife, reif, Reife, gereift, ausgereift, vollendet, überreif, Überreife.

**Säure**: *positiv:* feine, fruchtige, rassige, pikante, harmonische Säure; Fruchtsäure. *negativ:* grasige, spitze Säure. *sehr negativ:* stumpfe Säure. *gut:* erfrischend, feinherb, edelrassig, feinrassig, herzhaft, lebendig, lebhaft, rezent. *wenig:* gelinde, geschmeidig, glatt, lieblich, mild, feinmild, Milde, mollig, Molligkeit, weich, zart; Damenwein. *zu wenig:* arm, breit, fad, Fadgeschmack, leer, pappig, plump, schmalzig. *viel, reich:* görig, göhrig, herb, kernig, knorzig, markant, nervig, rassig, Rasse, resch, säuerlich, spritzig-süffig, stahlig, Stahl; Apfelgeschmack. *zu viel:* bissig, fest, hart, Härte, knochentrocken, knochig, kratzend, sauer, spitz, strohig; Dreimännerwein, harter Knochen, Krätzer, Rachenputzer, Rampes, Sauerampfer, Sauerrampes, saurer Hund, saurer Knochen, Strümpfestopfer. *unreif:* giftige Säure, grasig, grün, säurescharf, scharf, Schärfe, tresterhart, unartig, ziehend, zieht; Grasgeschmack. *sauer/süß:* Dropsgeschmack, getrennt, gespalten, sauersüß. → *Beigeschmack, Geschmack.*

**Schimpfname, Kosename**: Dreimännerwein, harter Knochen, Krätzer, Rachenputzer, Rampes, Sauerampfer, Sauerrampes, saurer Hund, Strümpfestopfer; Weinchen, Weinlein, Tropfen, Tröpfchen, grundehrlicher Tropfen, Suffweinchen, Möselchen.

**Süße**: *positiv:* edelsüß, honigsüß, natursüß, zartsüß, feinsüß, vollsüß, zuckersüß; edle, harmonische, honigartige, leichte Süße; Beerensüße, Edelsüße, Fruchtsüße, Honigsüße, Honigton, Natursüße, Reifesüße, Traubensüße; Süßigkeit. *negativ:* hängende, aufdringliche Süße; süß, süßlich, unharmonisch süß. *ohne Süße:* ausgegoren, durchgegoren, trocken. *leichte Süße:* feinherb, halbtrocken. *zuviel Süße:* mostigsüß, pappig, pappigsüß, pappsüß, plumpsüß; Zucker. *mit Säure, negativ:*

Dropsgeschmack, gespalten, getrennt, sauersüß; *positiv:* Harmonie, Spiel. *Weinbereitung:* mostsüß, Süßreserve. → *Geschmack.*

**Verwendung**: Kochwein, Speisewein; Bratenwein, Fischwein, Dessertwein, Bowlenwein; Konsumwein, Tafelwein, Tischwein; Kneipwein, Trinkwein, Zechwein; Partywein, Festwein; Diabetikerwein, Krankenwein, Magenwein; Handelswein, Lagerwein; Ausschankwein, Pokalwein, Schankwein, Schoppenwein; Abendmahlswein, Meßwein.

**Weinart**: Stillwein, Perlwein, Schaumwein, Sekt; Weißwein, Roséwein, weißgekeltert, Weißherbst, Bleicher, Bleichert, Bleichart, Rotling, Schillerwein, Schiller, Schielerwein, Rotwein; Hybridenwein. *weinähnliches Getränk:* Fruchtwein, Honigwein, Kunstwein.

**Weintyp**: Lagenwein, Markenwein, Typenwein; Verschnitt, Verstich; Deckwein, Farbwein; Eiswein, Strohwein; Bouquetwein, Bukettwein, Essenzwein, Honigwein, Likör, Likörwein, Nachwein, Süßwein, Spaniolwein.

**Zubereitung**: Glühwein, aromatischer Wein, Würzwein.

# *Anmerkungen*

[1] Gutkind/Wolfskehl 1927, S. 341. [2] Goethe, Bd 16, S. 343–372. [3] Gotthard $^{2}$1809. [4] Vgl. das folgende Kapitel. [5] Tieck, Bd 3, S. 5–74. [6] Winckler o. J. [7] »Die Weinprobe«, ebd., S. 397–401. [8] Bassermann-Jordan, Bd 1, $^{2}$1923, S. 446. [9] Ernst von Salomon: Der Fragebogen. In: Rowohlt Almanach 1908–1962, S. 439f. [10] Bassermann-Jordan, Bd 1, $^{2}$1923, S. 479. [11] Fischart 1963, S. 12f. [12] Ebd., S. 83. [13] Ebd., S. 128. [14] Ebd., S. 121, 83, 68 u. 127. [15] Ebd., S. 144 u. 118. [16] Ebd., S. 82 u. 123. [17] Ebd., S. 135 u. 83. [18] Ebd., S. 82. [19] Ebd., S. 126 u. 144. [20] Ebd., S. 141. [21] Grimmelshausen, Bd I/2, S. 168. [22] Ebd. [23] Ebd. [24] Ebd., S. 199. [25] Ebd., S. 685. [26] Ebd., S. 198. [27] Ebd., S. 168 u. 198. [28] Ebd., S. 198. [29] Ebd. [30] E. T. A. Hoffmann, Bd 6, S. 15; Adelung, Bd 1, Sp. 1791. [31] Adelung, Bd 2, Sp. 590; E. T. A. Hoffmann, Bd 3, S. 62. [32] Joh. 2, 11 in Luthers Übersetzung. [33] z. B. E. T. A. Hoffmann, Bd 2/2, S. 132; Bd 6, S. 72, 589f., 594, 596f., 659. [34] Ebd., Bd 2/2, S. 46; Bd 3, S. 53; Bd 4, S. 14 u. 72; Bd 5, S. 755; Bd 6, S. 558. [35] Ebd., Bd 3, S. 16; Bd 4, S. 14; Bd 5, S. 720; Bd 6, S. 558. [36] Ebd., Bd 6, S. 603f. [37] Adelung, Bd 2, Sp. 165. [38] Gotthard $^{2}$1809, Bd 2, S. 256. [39] E. T. A. Hoffmann, Bd 5, S. 551 u. 553. [40] Adelung, Bd 4, Sp. 1407. [41] E. T. A. Hoffmann, Bd 5, S. 276 u. 755; Bd 6, S. 224. [42] Adelung, Bd 1, Sp. 1633. [43] E. T. A. Hoffmann, Bd 5, S. 372, 680 u. 720. [44] Ebd., Bd 3, S. 701. [45] Mitzka, Bd 1, S. 460. [46] Adelung, Bd 2, Sp. 165f. [47] Ebd., Bd 2, Sp. 1463. [48] Gutkind/Wolfskehl 1927, S. 154. [49] Ebd., S. 60. [50] Ebd., S. 115; Adelung, Bd 1, Sp. 1041. [51] Gutkind/Wolfskehl 1927, S. 108 u. 115. [52] Ebd., S. 108f. [53] Gotthard $^{2}$1809. [54] Adelung, Bd 2, Sp. 806f. [55] Ebd., Bd 3, Sp. 766. [56] Campe 1813, S. 477. [57] Schiller, Bd 1, S. 401. [58] Gotthard, Bd 2, S. 151ff. [59] Adelung, Bd 4, Sp. 1459. [60] Gotthard, Bd 2, S. 154. [61] Bassermann-Jordan, Bd 2, $^{2}$1923, S. 470f. [62] Adelung, Bd 2, Sp. 513. [63] Schiller, Bd 1, S. 299. [64] Kölges 1841, S. 129–203. [65] Hamm $^{2}$1874, S. 73–76. [66] Sanders, Bd 1, S. 182. [67] Hamm/v. Babo $^{3}$1886, S. 77. [68] Sanders, Bd 1, S. 851. [69] Hamm $^{2}$1874, S. 100. [70] Stieler 1691, Bd 2, Sp. 2476–2479. [71] Adelung, Bd 4, Sp. 1456. [72] Campe, Bd 5 (1811), S. 645. [73] Meyers Konversationslexikon, Bd 20, $^{6}$1909, Beilage »Weinbereitung, Weinverbesserung«, S. 2. [74] Sanders, Bd 2/2, S. 1535. [75] Reiners, S. 874. [76] Wein, in: Rheinisches Wörterbuch Bd 9 (1964–1971), Sp. 380f. [77] Daepp 1968. [78] Ebd., S. 197. [79] Koch 1999, S. 264f. [80] Kölges 1841, S. 112–121.

[81] F. Paul 1964, S. 197-209. [82] Kurt M. Hoffmann 1970, S. 14. [83] Troost/Wanner 1951, S. 6–10. [84] Ebd., S. 10. [85] Südhessisches Wörterbuch, Bd 5 (1989–1998), Sp. 1667f. [86] Kölges 1841, S. 119. [87] Troost/Wanner 1951, S. 9. [88] Hamm 1865, S. 73. [89] vom Endt/Cornelssen, S. 13. [90] Hamm/v. Babo $^{3}$1886, S. 77–79. [91] Ebd., S. 612. [92] Bassermann-Jordan, Bd 2, $^{2}$1923, S. 479. [93] Zwanzig Jahre Deutsches Weinsiegel. 1970. [94] Weingut Karthäuserhof, Trier-Eitelsbach, Weinpreisliste II/89. [95] Weingut Erbhof Tesch, Langenlonsheim, Weinkellerauszug vom 16. Okt. 1973. [96] Henn 2006, S. 108 u. 146. [97] Weingüter und Schloßkellerei Graf v. Neipperg, Schwaigern. Wein-Angebot Frühjahr 1973. [98] Pigott 2005, S. 129. [99] Koch 1999, S. 152. [100] Andres 1972, S. 41. [101] Hauff, Bd 2, S. 14. [102] Andres 1972, S. 90 u. 108. [103] Gutkind/Wolfskehl 1927, S. VIII. [104] Schoonmaker 1967, S. 224. [105] Loriots Dramatische Werke 1983, S. 84ff.

## *Abkürzungen*

| | |
|---|---|
| ahd. | althochdeutsch |
| frz. | französisch |
| lat. | lateinisch |
| mhd. | mittelhochdeutsch |
| nhd. | neuhochdeutsch |

# *Literatur*


Adelung, Johann Christoph: Grammatisch-kritisches Wörterbuch der Hochdeutschen Mundart, mit beständiger Vergleichung der übrigen Mundarten, besonders aber der Oberdeutschen. 2. verm. u. verb. Ausg. 4 Tle. Leipzig 1798–1801.

Althaus, Hans Peter: Vorbereitende Überlegungen zur Strukturierung einer Terminologie der Weinansprache. In: Verführung zur Geschichte. Festschrift zum 500. Jahrestag der Eröffnung einer Universität in Trier. Trier 1973, S. 387–410.

Ambrosi, Hans: Deutscher Wein-Atlas mit Wein-Lexikon. Bielefeld 1973.

– Wo große Weine wachsen. Der Wegweiser zu Deutschlands führenden Weingütern, zu Weinkultur und Spitzenweinen. München 1973.

– Wein von A bis Z. 2. Aufl. Bindlach 2003.

Andres, Stefan: Die großen Weine Deutschlands. Frankfurt/M., Berlin, Wien 1972.

Arntz, H., und Cornelssen, F. A.: Das kleine Weinlexikon. Mainz 1959.

Badisches Wörterbuch. Bd 1ff. Lahr/Schwarzwald 1942ff.

Bary, Herbert de: Der Wein erfreut des Menschen Herz. München 1974.

– Eigenarten der europäischen Weine. 14. verb. u. erw. Aufl. Heusenstamm 1971.

Bassermann-Jordan, Friedrich von: Geschichte des Weinbaus unter besonderer Berücksichtigung der Bayerischen Rheinpfalz. 2. wesentl. erw. Aufl. 3 Bde. Frankfurt a. M. 1923.

Blumenthal, Peter: Die Linguistik des Weingeschmacks. Ein deutsch-französischer Sprachvergleich. In: Zeitschrift für französische Sprache und Literatur 89. 1979, S. 97–129.

Böttiger, Theodor: Das große Lexikon vom Wein. München [1972].

Breitschädel, Wilhelm: Die romanische Terminologie der Weinbeurteilung. Beiträge zu ihrer Entstehung und Entwicklung. Phil. Diss. Köln 1986.

Brentano, Clemens: Werke. Hrsg. von Wolfgang Frühwald u. Friedhelm Kemp. Bd 2. 3., durchges. Aufl. München 1980.

Broadbent, Michael J.: Weine prüfen, kennen, genießen. 2., erw. Aufl. Luzern 1979. 9. Aufl. Bern und München 2000.

Bruckner, Bernulf: Das ABC der Weinsprache. 2. Aufl. Klosterneuburg o. J.

Campe, Joachim Heinrich: Wörterbuch der deutschen Sprache. Veranstaltet u. hrsg. 5 Tle. Braunschweig 1809–1811.

– Wörterbuch zur Erklärung und Verdeutschung der unserer Sprache aufgedrungenen fremden Ausdrücke. Neue starkverm. und durchgängig verb. Ausg. Braunschweig 1813.

Conservations-Lexikon für alle Stände. Eine Encyclopädie. Leipzig u. Stuttgart, Pesth 1834.

Daepp, H. U.: Zur Weinbeurteilung mittels Sinnenprüfung – Beeinflussungsmöglichkeiten und Methoden. In: Deutsches Weinbau-Jahrbuch 19. 1968, S. 197-213.

Der Brockhaus. Wein. Rebsorten, Degustation, Weinbau, Kellertechnik, internationale Anbaugebiete. Mannheim, Leipzig 2005.

Dictionnaire Provins über die Reben und Weine im Wallis. o. O. u. J. [Sion 1974].

Dominé, André: Wein. Köln 2000.

Duden. Das große Wörterbuch der deutschen Sprache. 2. Aufl. 8 Bde. Mannheim, Leipzig, Wien, Zürich 1993–1995.

Fischart, Johann: Geschichtklitterung (Gargantua). Text der Ausgabe letzter Hand von 1590. Mit einem Glossar hrsg. von Ute Nyssen. Düsseldorf 1963.

Gibel, Kurt: Weine degustieren leicht & spielend. 5., vollst. überarb. Aufl. Bern u. München 2001.

Goethe, Johann Wolfgang: Sämtliche Werke, Briefe, Tagebücher u. Gespräche. Bd 16. Hrsg. von Klaus-Detlef Müller. Frankfurt a. M. 1994.

Gollmick, Friedrich; Bocker, Harald; Grünzel, Hermann: Das Weinbuch. Werden des Weines von der Rebe bis zum Glase. 3., neubearb. Aufl. Leipzig 1970.

Gotthard, Joh. Christ.: Der theoretisch-practische Wein- und Kellermeister oder vollständiger Unterricht in der Kultur und Behandlung des Weins. Ein Hand- und Lehrbuch für Weinbauer, Kellermeister und Weinhändler. 2 Bde. Neueste Aufl. Erfurt 1809.

Grimm, Jacob, und Grimm, Wilhelm: Deutsches Wörterbuch. 16 in 33 Bdn. Leipzig 1854–1971.

Grimmelshausen, Hans Jacob von: Werke. Hrsg. von Dieter Breuer. 2 in 3 Bdn. Frankfurt a. M. 1989–1997.

Gutkind, C. S.; Wolfskehl, K.: Das Buch vom Wein. Aus allen Zeiten und Breiten. München 1927.

Hamm, Wilhelm: Das Weinbuch. Wesen, Cultur und Wirkung des Weins;

Statistik und Charakteristik sämmtlicher Weine der Welt; Behandlung der Weine im Keller. Leipzig 1865. 2., gänzlich umgearb. und bedeutend verm. Aufl. 1874. 3., bedeutend verm. Aufl. bearb. von A. v. Babo. Leipzig 1886.

Hauff, Wilhelm: Werke. Hrsg. von Max Mendheim. Bd 2. Leipzig u. Wien o.J.

Henn, Carsten: Henns Weinführer Ahr. o. O. 2006.

Hochrain, Helmut: Die Weine Österreichs. München 1974.

Hoffmann, E. T. A.: Sämtliche Werke. Hrsg. von Hartmut Steinecke u. Wulf Segebrecht. 6 in 7 Bdn. Frankfurt a. M. 1985–2004.

Hoffmann, Kurt M.: Weinkunde in Stichworten. Kiel 1970.

Hofmann, Alfred: Weine verstehen und beurteilen. Stuttgart 1987.

Hornickel, Ernst: Wein-Keller. Stuttgart 1972.

– Wein-Kenner. Stuttgart 1972.

Jakob, L.: Weinbewertung und Weinansprache. Neustadt a. d. Weinstraße [1972].

Johnson, Hugh: Der große Weinatlas. Bern 1972.

Karmarsch, Karl; Heeren, Friedrich: Technisches Wörterbuch oder Handbuch der Gewerbkunde. 2., gänzl. neu bearb. Aufl. 3 Bde. Prag 1854–1857.

Kecht, J. S.: Der verbesserte praktische Weinbau. 6. Aufl. Berlin 1838.

Klenk, Ernst: Die Weinbeurteilung nach Farbe, Klarheit, Geruch und Geschmack. Stuttgart 1950. 2., neubearb. Aufl. 1960. Neubearb. 3. Aufl. Stuttgart 1972.

Klocke, Cordt von; Troost, Gerhard: Praktische Weinkunde. Frankfurt a. M. 1953.

Kluge, Friedrich: Etymologisches Wörterbuch der deutschen Sprache. Bearb. von Elmar Seebold. 24., durchges. u. erw. Aufl. Berlin, New York 2002.

Koch, Hans-Jörg: Wein und Recht von A–Z. Vom Weinberg zur Weinprobe. München 1999.

Kölges, B.: Oenochemie, oder Lehre von der Weinbereitung und Weinerziehung nach rationellen Grundsätzen. Berlin 1841.

Kramer, Otto: Kellerwirtschaftliches Lexikon. Neustadt a. d. Weinstraße 1954. 2. verb. Aufl. 1962.

Krämer-Badoni, Rudolf: Das kleine Buch vom Wein. Gütersloh 1969.

Lexer, Matthias: Mittelhochdeutsches Handwörterbuch. 3 Bde. Leipzig 1872–1878.

Lexique de la vigne et du vin. Paris 1963.
Loriots Dramatische Werke. Verb. Neuausgabe. Zürich 1983.
Meyers Konversationslexikon. 6., gänzlich neubearb. und verm. Aufl. Bd 20. Leipzig u. Wien 1909.
Mitzka, Walther: Schlesisches Wörterbuch. 3 Bde. Berlin 1965–1967.
Österreichisches Wörterbuch. 36., überarb. Aufl. Wien 1985.
Panwolf, Wilhelm: Kleines Weinlexikon. München 1974.
Paul, F.: Die technische Durchführung der organoleptischen Beurteilung von Weinen. In: Rebe und Wein 14. 1964, S. 197-209.
Paul, Hermann: Deutsches Wörterbuch. Bedeutungsgeschichte und Aufbau unseres Wortschatzes. 10., überarb. und erw. Aufl. von Helmut Henne, Heidrun Kämper und Georg Objartel. Tübingen 2002.
Pfälzisches Wörterbuch. 6 Bde. Wiesbaden, Stuttgart 1965–1997.
Pigott, Stuart: Kleiner genialer Weinführer 2005. Berlin 2004.
Puls, Ernst: Die Weinkostprobe. Prüfung und Beurteilung von Wein. 5. Aufl. Neustadt a. d. Haardt 1948.
Reck, Heinz: Taschenbuch der Weine. München 1976.
Reichard, O.: Die Sinnenprüfung (Organoleptik) von Wein und ihr diagnostischer Wert. In: Deutsche Wein-Zeitung, 31. Aug. 1951, 15. Sept. 1951, 30. Sept. 1951.
Reiners, Ludwig: Der ewige Brunnen. Ein Hausbuch deutscher Dichtung. Jubiläumsausgabe. München 2005.
Rheinisches Wörterbuch. 9 Bde. Bonn, Berlin 1928–1971.
Robinson, Jancis: Der Degustationskurs. München 2003.
Rössler, Otto: Getränkekundliches Lexikon. Neustadt/Weinstraße 1958.
Rowohlt Almanach 1908–1962. Hrsg. von Mara Hintermeier u. Fritz J. Raddatz. Reinbek b. Hamburg 1962.
Sanders, Daniel: Wörterbuch der Deutschen Sprache. 3 Bde. Leipzig 1876.
Schiller, Friedrich: Werke und Briefe. Bd 1. Hrsg. von Georg Kurscheidt. Frankfurt a. M. 1992.
Schoonmaker, Frank: Das Wein-Lexikon. Die Weine der Welt. München 1967.
Schreiber, Georg: Deutsche Weingeschichte. Der Wein in Volksleben, Kult und Wirtschaft. Köln 1980.
Stieler, Kaspar: Der Teutschen Sprache Stammbaum und Fortwachs oder Teutscher Sprachschatz. Mit einer Einführung u. Bibliographie von Gerhard Ising. [Neudruck]. 3 Bde. Hildesheim 1968.
Südhessisches Wörterbuch. Bd 1 ff. Marburg 1965 ff.

Tieck, Ludwig: Werke. Hrsg. von Marianne Thalmann. Bd 3. München 1965.

Troost, Gerhard: Die Technologie des Weines. 3., neubearb. Aufl. Stuttgart 1961.

Troost, Gerhard; Wanner, Erwin: Weinprobe, Weinansprache. Die Fachausdrücke bei der Weinkostprobe und ihre Bedeputung. Frankfurt 1951.

Vogt, Ernst: Der Wein. Bereitung, Behandlung, Untersuchung. 6. Aufl., neubearb. von Ludwig Jakob, Edmund Lemperle, Erich Weiss. Stuttgart 1974.

Vogt, Ernst: Weinchemie und Weinanalyse. 2. Aufl. Stuttgart 1958.

vom Endt, Rudi; Cornelssen, F. A.: Kleine Weinkunde. Mainz o. J.

Winckler, Josef: Der tolle Bomberg. Ein westfälischer Schelmenroman. 132.–134. Tsd. Stuttgart, Berlin u. Leipzig o. J.

Woschek, Heinz-Gert: Der deutsche Weinführer. München 1970.

Woschek, Heinz-Gert; Bilm, Peter: Das Weinbuch. 2., überarb. Aufl. München 1969.

Zwanzig Jahre Deutsches Weinsiegel. Werden, Wesen, Wirken. Würzburg 1970.